LUZ

ESCOCESA

MASONERÍA LIBERAL ESCOCISTA

LUZ ESCOCESA

| Masonería Liberal Escocista |

Suum Cuique Ius

Publicación semestral del
SUPREMO CONSEJO MASÓNICO DE ESPAÑA

N.º 1
2º SEMESTRE 2024

DIRECCIÓN
Enric Homs, 33º
Andrés Cascio, 33º

CONSEJO DE REDACCIÓN
Manel Camós 33º | Octavio Carrera 33º
Valentín Díaz 33º | Mario Mencucci 33º
Anna Mir 33º | Ramón Salas 33º

Diseño y maquetación:
EЯA | ALTA RESOLUCIÓN EDITORIAL

Editado por MASONICA®
Ediciones del Arte Real

ENTREACACIAS, SL
[Sociedad Editora]
Covadonga, 8
33002 Oviedo - Asturias (España)
info@masonica.es

Primera edición: mayo, 2025

ISSN: 3045-9451
ISBN: 979-13-87560-28-7
Depósito Legal: AS 00480-2025

SUMARIO

1º SEMESTRE 2025

Editorial

Enric Homs, 33°

Sobre la naturaleza humana hay una aguda observación. El ser humano es el único animal que tropieza (dos o más veces) con la misma piedra. Este dicho esconde una alarmante verdad, ¿estamos condenados a repetir nuestros errores? Tropezar es parte la vivencia del ser humano, pero el verdadero problema está en no aprender de esos tropiezos. ¿Por qué seguimos cayendo en los mismos errores, permitiendo que los conflictos armados y las guerras devasten nuestra sociedad una y otra vez?

La guerra, en todas sus formas, es un tropiezo monumental, un fallo en nuestro juicio colectivo. A pesar de las lecciones del pasado, seguimos tomando decisiones que conducen a la violencia, al sufrimiento y la pérdida de vidas.

Esta revista pretende ser una llamada a la acción, una invitación a aprender de nuestros errores, a levantar la vista y reconocer las piedras en las que hemos tropezado en el pasado para evitarlas en el futuro. El desafío es grande, pero no imposible. Si podemos aprender a vivir con amplitud y a buscar satisfacción en la paz y la comprensión, quizás podamos finalmente dejar atrás la piedra de la guerra y avanzar hacia un futuro donde la autodestrucción ya no sea una opción.

La mayoría de las aportaciones de esta revista están hechas por miembros de la Masonería y otras por afines a las ideas filosofías que inspira la masonería. Bajo este aspecto se ha elaborado el dosier donde desde distintos aspectos se abordan los efectos de las guerras.

Invitamos a la lectura de esta revista con la visión de varios artículos que aportarán diferentes opiniones y puntos de vista que junto con los datos y la información, podremos hacernos una valoración que estimule nuestro pensamiento crítico.

El recorrido masónico del Rito Escocés Antiguo y Aceptado presenta, a través de su simbolismo, rituales y mitología, una visión de la Libertad como concepto complejo y en constante cuestionamiento.

Este camino sugiere que el masón, tiene el objetivo de transformarse en un hombre justo, reforzado en sus convicciones, con una mayor retórica y elocuencia, pero sin una alteración pro- funda en su esencia personal. La evolución reside en su perspectiva hacia sí mismo y el mundo.

La filosofía del Caballero Kadosh está profundamente vinculada a la tradición masónica, particularmente en el contexto del Grado 30, un grado que representa la integración de la sabiduría, el sacrificio y la dedicación hacia el servicio de la humanidad. El concepto del soldado universal en el grado 30° es una metáfora que va más allá del soldado literal. Representa a aquel que está comprometido con la causa de la humanidad, luchando no en campos de batalla físicos, sino en un ámbito espiritual y moral. Es visto como un defensor de la justicia, de los principios eleva- dos, de la verdad, y de la libertad. En este contexto, el soldado universal es un ser que enfrenta las adversidades del mundo con una perspectiva ética y universalista, luchando no por intereses personales, sino por el bien común.

Las guerras y el periodismo

Valentín Díaz, 33º

Lo primero que me ha venido a la cabeza al empezar este artículo es si el término «guerra» se debe aplicar, o corresponde únicamente, a la definición clásica de «lucha armada entre dos naciones o grupos de naciones o entre bandos de una misma nación». Esto deja fuera del concepto de guerra al terrorismo ejercido de manera continuada por grupos o individuos en uno o varios territorios y al llevado a cabo por grupos armados contra la población y/o el ejército de un país, como puede ser el caso actual del islamismo yihadista de Boko Haram u otras bandas en países africanos del Sahel. También dejaría fuera la guerra de carácter revolucionario ejercida por un sector armado de la población de un país contra su ejército para derrocar el régimen imperante en el mismo.

Sin duda, por parte de los periodistas, no se aborda de la misma manera su trabajo en unas situaciones que en otras. En una guerra civil (como pudo ser la española de 1936-1939) la prensa del país informa y analiza la guerra sólo desde los intereses de uno de los bandos y el periodismo deja de serlo para convertirse en propaganda. Únicamente desde la prensa externa al país se puede llevar a cabo una labor periodística; otra cosa es que esa labor se lleve a cabo desde una perspectiva independiente, es decir, desde una descripción de los hechos no sometida a la conveniencia de uno de los bandos contendientes o del país al que pertenece el medio informativo en cuestión o de los propietarios del medio.

Esto último ya nos sitúa en las posibles limitaciones del trabajo periodístico no sólo en una guerra civil sino en cualquier guerra. Estamos hablando de «independencia» pero también hay que hablar de «neutralidad» y esto es mucho más difícil de analizar y también de comprender, porque no solamente afecta a las empresas periodísticas sino así mismo a los profesionales en tanto que personas.

Nadie es neutral en su posición personal ante un conflicto. Ni lo es ni lo puede ser, porque cada uno de nosotros tiene ideas propias, personales, sobre la política, la sociedad, la economía, el mundo en general. Ser objetivo ante los hechos no significa ser «neutral», significa ser «independiente», es decir, no condicionar la narración y el análisis de los hechos en función de las propias ideas y, muchísimo menos, de intereses personales.

El periodismo ha de conocer los hechos sobre el terreno, y en las guerras eso requiere desplazarse donde se dirime el conflicto. Sin embargo, una sola persona, un solo periodista, no suele ser capaz de cubrir todas las zonas geográficas que abarca una guerra. Es decir, el corresponsal de guerra, el que cubre informativamente una guerra en el sitio donde ésta se desarrolla, puede conocer de primera mano determinados hechos y situaciones concretas de las que puede informar. Ese conocimiento, junto a lo que informan otros corresponsales en otras regiones del conflicto, sirven para analizar en cierta medida lo que está sucediendo.

Sin embargo, los hechos de la guerra como tal, es decir, los avances o retrocesos bélicos, los ataques, el número de bajas entre los contendientes, etcétera, es una parte fundamental del conflicto, pero no lo explica, o, al menos, no lo explica en su totalidad.

Hay que saber qué es lo que ha desencadenado la guerra, cuáles son sus antecedentes, sobre todo los de fondo, los que van más allá de acontecimientos puntuales. Qué intereses reales hay detrás de la hostilidad entre las partes, quiénes son los aliados de cada bando y por qué apoyan a uno u a otro.

Por otro lado, el corresponsal de guerra vive también de primera mano los efectos del conflicto entre la población civil, entre los ancianos y los niños, y entre las mujeres, objetivo siempre de una violencia sexual despiadada. Es una parte importante de la información y la mayor parte de las veces difícil de aquilatar en sus verdaderos términos, al estar basada, la mayoría de las ocasiones, no en información directa sino en testimonios. Y es la parte que más afecta emocionalmente al periodista y que, por tanto, más puede influenciarle en sus análisis. No sé si un buen corresponsal de guerra no puede ser un cínico, como decía Richard Kapuscinski, el famoso periodista polaco que cubrió guerras en diversas partes del mundo. Lo que desde luego no puede ser es deshonesto.

Esa deshonestidad se muestra cuando, intencionadamente, no se expresa aquello que se corresponde con la realidad, tanto por las razones anteriormente mencionadas como por los prejuicios personales del periodista que cubre una información, que pueden ser de carácter nacionalista, ideológico, de raza incluso, y que el interesado no neutraliza suficientemente, por lo cual su independencia de criterio está seriamente comprometida, afectando tergiversadamente a la información que transmite. Como es fácil de entender, esto es así para diferentes tipos de información, y, claramente, para las noticias y análisis de una guerra.

Todo lo dicho hasta ahora me parece válido para cualquier época. Pero lo cierto es que el mundo de la información, del periodismo, ha cambiado desde los comienzos del presente siglo de una forma como no lo había hecho en más de un siglo, de más calado incluso que con el enorme desarrollo de la información audiovisual a partir de los años setenta-ochenta al introducirse los modernos sistemas de transmisión y las grabadoras móviles de video, sustituidas muy poco después por las actuales cámaras «camcorder» que llevan incorporada la grabación digital e incluso la posibilidad de transmisión directa de la señal de audio y video. Y más aún con los teléfonos móviles.

Ese cambio aún más profundo que ha trastocado el mundo del periodismo se ha debido a la generalización de internet en todos los rincones del mundo y a la aparición de las llamadas redes sociales. La llamada «Cuarta Revolución Industrial», esa en la que ahora vivimos ya plenamente y que se está desarrollando de modo tan acelerado que produce vértigo, es hija de la digitalización que ha impregnado todos los aspectos de nuestras vidas, desde los sistemas de producción industrial hasta la medicina, desde la economía hasta las comunicaciones físicas. Y, desde luego, la información.

Hay una generación completa de individuos que han desarrollado toda su vida activa en el reino de los teléfonos multiusos (mal llamados «inteligentes»), de internet, de las redes sociales y de toda la parafernalia tecnológica que hoy es de uso corriente. No han conocido otro mundo. Y en ese mundo, que ya es el de todos los ciudadanos, convive (malamente) un periodismo profesional con un periodismo en el que cualquier ciudadano se convierte en «suministrador» de información sin regla ninguna que avale la veracidad de sus contenidos.

Las redes sociales son una revolución dentro de la «cuarta revolución industrial». Todo esto ha provocado un descalabro de la prensa escrita, que ha debido reinventarse en el mundo digital, acoplando además una información audiovisual ya indispensable. Las redes sociales con su impresionante difusión internacional y el fenómeno de las «fake news» en los últimos quince años han devastado, en buena medida, el universo informativo.

La expresión en inglés «fake news» se generalizó con Donald Trump y se refiere a noticias intencionadamente falsas, o sea a la «desinformación», es decir, mensajes manipulados intencionalmente al servicio de ciertos fines. Y esto sucede en un tiempo en el que estamos literalmente abrumados por la cantidad de información que se nos echa encima, sin que el ciudadano medio tenga tiempo ni capacidad, en la mayoría de los casos, para determinar la verdad o falsedad de las innumerables noticias que inundan su cotidianidad.

Las «fake news» han sido y son una constante para Trump, que, con impudicia manifiesta, utiliza las redes sociales (Twiter antes y su sucesora en estos momentos, la X del más que peligroso Elon Musk) para sostener con falsedades sus posiciones políticas, mantener constantemente movilizadas a sus bases electorales más fanáticas e intentar manipular groseramente a la opinión pública, bajo la orientación de personajes como Steve Bannon, propagador en Europa del populismo incendiario de Trump, era el vicepresidente de «Cambridge Analytica» cuando esta empresa protagonizó un monumental escándalo al utilizar los datos personales de millones de usuarios de Facebook en sus anuncios de la campaña electoral norteamericana de 2016. Esa gigantesca campaña de manipulación mostraba, como hechos naturales, informaciones falsas que satisfacían los gustos y deseos de sus receptores, confirmando sus sesgos y sus prejuicios.

Los llamados «bots» y otros ingenios programados para difundir masivamente por las redes sociales noticias y mensajes con apariencia de veracidad, pero que son mentiras fabricadas, han demostrado sobradamente su terriblemente dañina eficacia. Menoscaban la credibilidad de los medios de información y vulneran la libertad de expresión.

En 2021, el Foro Económico Mundial consideró a la desinformación como un obstáculo para el ejercicio de las libertades civiles y la democracia, y se refirió a la «manipulación deliberada de información» y a la difusión de las llamadas teorías conspirativas como fenómenos «promotores del discurso de odio y la violencia» y como «una amenaza para el avance de la democracia en el largo plazo».

Las noticias falsas y la desinformación social y política no son de ahora. Han existido siempre, desde la Grecia clásica y la Roma imperial, pero nunca antes existían redes de difusión masiva, capaces de llevar en un instante información escrita y audiovisual hasta el último rincón del planeta, con una gran mayoría de la población mundial disponiendo de dispositivos para recibir y difundir a su vez la información que le llega. Algo único y propio de nuestra época, del universo de la cuarta revolución industrial.

Cualquier ciudadano con un teléfono móvil (es decir, cualquiera) es capaz de captar un acontecimiento y difundirlo prácticamente sin límites, y también es capaz de intervenir, a través de «posts», en comentarios sobre cualquier aspecto de nuestra vida cotidiana. Y tiene, asimismo, capacidad de manipular esa información o de provocarla.

De esta manera, los referentes informativos, cuya credibilidad se basa en la fiabilidad de noticias basadas en la rigurosa constatación de los hechos, en el equilibrio en la presentación de las informaciones, en unos códigos periodísticos y deontológicos establecidos de manera más o menos firme, en la separación entre información y opinión, y en la responsabilidad social y ante la ley de su labor periodística, se han visto frente a un reto especialmente difícil, que es el de continuar siendo la referencia indispensable para las sociedades sanamente democráticas, en las que primen el estado de derecho, los derechos y deberes de los ciudadanos y las libertades fundamentales.

La información libre, equilibrada, contrastada y responsable que constituye un basamento esencial de lo que han sido las sociedades occidentales en la segunda mitad del siglo XX, se ha visto, en estas primeras décadas del s. XXI, convulsionada, zarandeada y puesta en cuestión, al tiempo que se avanzaba sustancialmente en costumbres sociales, en apertura a nuevos modos de convivencia, en el ensanchamiento de nuestras libertades.

Todas estas consideraciones me han parecido indispensables para entender cómo ha cambiado también el periodismo que cubre las guerras en estos últimos veinte años.

Putin, que, con su afán imperialista y desafiante de las reglas internacionales, ha cambiado el paso del mundo al invadir brutalmente un país soberano como Ucrania, representa quizá mejor que cualquier otro no solamente la utilización inmoral de internet y las redes sociales para sus propósitos de imposición política, sino el uso de la mentira y de las noticias falsas hasta extremos que si no fueran trágicos serían ridículos y, por si faltaba poco, ha decretado un descomunal ataque a la libertad de expresión, imponiendo su simulacro de realidad y cerrando todos los medios nacionales y extranjeros que no se pliegan a sus exigencias.

Sin embargo, la atroz confrontación provocada por Putin en Ucrania ha revelado también la otra cara de la moneda. No sólo ha dejado las manipulaciones y mentiras de Putin en evidencia (salvo para los millones de rusos sometidos a la «verdad oficial») sino que ha servido para evidenciar el lado positivo de las nuevas tecnologías de la información y la comunicación (TIC).

Sin ellas, el heroico ejercicio de resistencia del presidente ucraniano y de la inmensa mayoría de la población, plantando cara al invasor y a sus crímenes de guerra contra la población civil, no hubiera tenido la enorme repercusión mundial y con ella la simpatía y el apoyo de todo el occidente democrático.

La guerra de Ucrania es un ejemplo de acontecimiento en el que la enorme información que facilitan las TIC ha tenido un papel de notable importancia. Recursos al alcance de cualquiera como los mapas de tráfico de Google o los miles de videos que circulan por las redes sociales han proporcionado información relevante para el desarrollo de la guerra, sobre todo en sus primeros meses. Por ejemplo, En Tik Tok se pudo ver como el Ejército Ruso desplegaba sus tropas en la frontera, antes de invadir Ucrania.

El papel positivo de las redes sociales en la guerra de Ucrania, no debe hacernos olvidar, sin embargo, los defectos estructurales de su modelo de negocio, que buscan el clic fácil, el fogonazo, la descarga. Facebook y otras redes son culpables de haber cooperado, a sabiendas, en la difusión de noticias falsas, y tienen una responsabilidad evidente en la irracionalidad, emocionalidad, irresponsabilidad, banalidad e infantilismo que anegan nuestras sociedades.

Es obvio que los cambios producidos por la revolución digital no son negativos. Muy al contrario, son positivos y beneficiosos. La que es negativa es la utilización perversa de los mismos. No hay que olvidar que las noticias falsas, las «fake news», se difunden basándose, precisamente, en la libertad de expresión. Por eso es tan importante una regulación que exija responsabilidades legales.

En particular, es urgente la regulación de las redes sociales. Esa regulación se da por hecho que no se va a producir en los países con regímenes autoritarios que niegan las libertades y derechos democráticos , pero sí deberían haberse llevado a cabo ya en el resto del mundo, donde el redescubrimiento de lo valiosos que son esos derechos y libertades puede impulsar una organización social más responsable, más respetuosa, más igualitaria, donde los ciudadanos comprendan algo que para los masones forma parte de su ADN, que no hay derechos que no comporten deberes.

El derecho a que los corresponsales de guerra, al igual que el resto de los periodistas, puedan llevar a cabo su trabajo, sin todas esas limitaciones que se han señalado al comienzo de este artículo comporta también el deber de los informadores de ser honestos, de no dejarse condicionar por sus prejuicios, algo que, por ejemplo, es difícilmente indisimulable en no pocos casos en el conflicto de Gaza.

Esta zona palestina (y a la hora de escribir estas líneas también buena parte del territorio libanés) está siendo devastada por una guerra provocada por el atroz ataque terrorista de Hamas en territorio israelí el 7 de octubre de 2023 con el asesinato de unos mil doscientos civiles (incluyendo niños, ancianos y mujeres violadas) y el secuestro de unos doscientos cincuenta rehenes. En este sangriento conflicto, la implacable y necesaria denuncia periodística de la desproporcionada, y frecuentemente criminal, actuación llevada a cabo por el ejército israelí bajo las órdenes del gobierno presidido por un político notoriamente corrupto y belicista como Benjamín Netanyahu, no tiene, en bastantes ocasiones, una correspondencia en la denuncia del terrorismo de Hamas y sus fines profundamente totalitarios y asesinos contra un Estado reconocido por la ONU y aprobado en su seno, y cuyo sistema democrático (con las limitaciones que pueda tener) es indubitable. Y no han faltado, aunque sean escasos, análisis lastrados por prejuicios ideológicos o personales que han venido a «entender» el terrorismo de Hamas.

Con la práctica imposibilidad de una labor periodística protegida y no manipulada por los actores del conflicto, parece verdaderamente difícil lograr un cierto equilibrio en la información y en el análisis del conflicto en la franja de Gaza, con el peligro evidente de confundir a la opinión pública.

Y más teniendo en cuenta que la política de Netanyahu ha sobrepasado demasiados límites con el trágico resultado de decenas de miles de muertos entre la población civil, entre los cuales muchos niños. Y junto a ello, los increíbles obstáculos a que se repartan alimentos y medicinas entre esa población. El trabajo periodístico en las guerras, no solamente es peligroso, físicamente, para los informadores, sino a veces, como en este caso, difícil de hacerlo con ponderación.

La Masonería defiende, por encima de ideologías, la democracia, la libertad esencial de todos los seres humanos, su igualdad en derechos, obligaciones y oportunidades y el espíritu de solidaridad fraternal de carácter universalista. Todo ello desde el prisma de la «paz civil» que dio nacimiento a la Orden hace tres siglos.

Desde esos presupuestos creo que debemos entender el tratamiento informativo, el trabajo periodístico en las guerras. Estar contra la guerra es lo normal y más para un masón; incluso estar contra los ejércitos. Si un día desaparecieran podríamos decir que los humanos habríamos llegado al grado de civilización más avanzado. Y aunque hoy resulte utópico, no quiere decir que hogaño no se pueda lograr.

Las guerras, el tremendo ejercicio de la crueldad

Dardo Gómez Ruiz-Díaz

«Nadie es tan insensato como para elegir por voluntad propia la guerra en lugar de la paz». Aunque la voluntad propia, muchas veces, tiene poco de individual o propia y puede seguir discursos estrambóticos de escaso contenido humano.

En *La asamblea de las mujeres* de Aristófanes se muestran los horrores comunes a todas las guerras, y cómo ante las muertes de los jóvenes y la desolación de los campos, sin embargo, los patriotas de Atenas sólo piensan en seguir luchando. La ateniense Praxágora argumenta ante sus amigas y conciudadanas que sus padres y maridos las están llevando a la destrucción y las convence de que la solución está en despojarlos del poder para ejercerlo ellas. Apelando a una estratagema, lo consiguen e inauguran una nueva democracia que asegura alimentos, casa y cuidados a la ciudadanía. En esa nueva poli se decreta el fin de la monogamia patriarcal y la anulación de la propiedad privada.

En *Lisístrata*, también de Aristófanes, la protagonista (cuyo nombre significa «la que disuelve el ejército») une a las mujeres de Esparta y Atenas e inicia un motín para que nieguen a sus maridos el favor de sus cuerpos si éstos no dejan de guerrear entre ellos.

Las mujeres se refugian en la Acrópolis y desde allí resisten el asedio de sus maridos que, hartos de la abstinencia sexual, abandonan las armas. Pero estas mujeres no aceptan cualquier paz; imponen la reconciliación entre ambos pueblos que conlleva la disolución de los ejércitos y el compromiso de que nunca más alzarán las armas.

Como se puede ver, el problema no es nuevo...

«En la paz, los hijos entierran a sus padres. En la guerra, los padres entierran a sus hijos»*, señaló Heródoto; quizá porque no halló crueldad mayor que pudiera conmover a un ser hum+ano que el asesinato de su hijo. Tanto que lo llevó a asegurar que *«Nadie es tan insensato como para elegir por voluntad propia la guerra en lugar de la paz»;* aunque la voluntad propia, muchas veces, tiene poco de individual o propia y puede seguir discursos estrambóticos de escaso contenido humano. Esa voluntad enferma puede alentar la matanza cuando se convierte en un residual de proclamas, manifiestos y sentimientos ajenos al pensamiento racional; lo que nos convierte en ese *insensato* de Heródoto que no sólo es capaz de elegir la guerra sino de alentar a sus hijos a que maten a los hijos de otros, o mueran a manos de ellos.

Suena horroroso y lo es, porque las guerras no son otra cosa que el ejercicio de la crueldad, un ejercicio miserable que puede cubrirse de discursos, excusas, pretextos y otras cosas mentirosas para organizarse pero que nunca llega siquiera disfrazarse de dignidad. Porque la guerra carece de dignidad, aunque se la presente como una necesidad impuesta por los otros, los *enemigos...* Los enemigos son esos a los que se puede exterminar sin prejuicios porque siempre, antes de perpetrar el asesinato, se los habrá despojado de su condición humana y se los habrá cosificado con algún falso estigma por cualquiera de sus características, sean étnicas, religiosas, ancestrales. También por el simple hecho de ejercer su libre pensamiento y haber llegado a la maravillosa conclusión de que desprecia la guerra y se niega a odiar.

Todas las guerras, la guerra...

Cuando me puse a esta tarea con la cual os estoy distrayendo de tareas más edificantes, pensé en describir algunos de los conflictos bélicos que han asolado distintos lugares de este planeta a lo largo del siglo pasado y siguen haciéndolo en lo que va de éste. De pronto caí en la cuenta que mi falta de objetividad, que defiendo, y mi alineamiento ideológico me llevaba a tratar de justificar, de alguna manera, ciertas guerras. Lo que significaría disculpar o ver con ojos menos severos las muertes de algunas personas en detrimento de la compasión que merecen todas las personas asesinadas.

Algunos asesinatos son súbitos, quizá clementes dentro de la barbarie. Por ello preguntamos si sufrió el desdichado y parece que encontramos consuelo si nos dicen que le arrancaron los sesos de un solo gesto. Sin embargo, la guerra da muertes en las que concurre la predeterminación y la alevosía; también se toma su tiempo para ejecutar el exterminio del adversario que por imperio de la fuerza dominante del agresor ya ha perdido toda opción de oponerse a sus decisiones. Entre los seres infortunados que han vivido el inimaginable de quedarse sin destino propio se halla Primo Levi, que en Si esto es un *hombre*, última obra de su trilogía, relata sus días desde que cayó en manos de los nazis hasta su salida de Auschwitz al término de la Segunda Guerra Mundial, cuando ya había perdido toda esperanza de sobrevivir a aquel horror. Un infortunio al que se hizo acreedor por el mero hecho de ser judío y compartió las desdichas de ese campo de concentración con otras personas que eran comunistas, homosexuales, sindicalistas. Todos condenados por ser ellos mismos.

¿Cómo encontrar justificación a estos daños «colaterales» de las guerras? Incluso como entender que pueden ser «colaterales» ya que las muertes, torturas, hambrunas o las heridas físicas y mentales no tienen nada de laterales para los millones de seres humanos que las sufren.

El supuesto de que un «daño colateral» se justifica o se explica como un mal no buscado o provocado por mero accidente es una falacia de los asesinos bélicos. Ninguno de ellos puede negar que va a la guerra para matar o para hacer el mayor daño posible al elegido como enemigo. Por lo mismo, el aprisionar a las personas, el confinarlas o someterlas a vejámenes de cualquier tipo serían una necesidad «colateral» a esos macabros fines que las buenas personas reconocemos como delitos de lesa humanidad.

¿Cómo comprender o disculpar estas atrocidades?

Primo Levi señalaba: «Si comprender es imposible, conocer es necesario, porque lo sucedido puede volver a suceder, las conciencias pueden ser seducidas y obnubiladas de nuevo: las nuestras también...».

No se equivocaba, sigue sucediendo. Nos seguimos matando y ejecutando tremendas matanzas con nuestros iguales con pretextos tan peregrinos como la propiedad de territorios, la supervivencia de culturas, el miedo a otras, el mandato divino... Cuando no hay más razón que la ignorancia inducida.

Los analfabetos del amor llegaron a generar conceptos tan terribles como *«solución final»* o *«limpieza racial»* (estas bestias no sabían que las razas no existen); simplemente se trata de la eliminación programada de parte de la humanidad, eso que hoy reconocemos como *genocidio*. Término acuñado en 1943 por Raphael Lemki uniendo *genos* (clan o grupo familiar), y *cidao-cidio*, (matar). El Estatuto de Roma (1998), define el *genocidio* como la acción de cometer actos orientados a destruir total o parcialmente un grupo nacional, étnico, racial o religioso.

Así, son genocidio no sólo las matanzas o lesiones graves a la integridad física o mental a las personas por ser lo que son; también lo son obligarlas a abandonar sus hogares, negarles el alimento o los medicamentos, impedirles el nacimiento a través de la esterilización forzosa o trasladar a niños de un grupo humano a otro que no es el suyo directo. En fin, los «colaterales» de todas las guerras.

Y habíamos dicho «Nunca más...»

El 10 de diciembre de 1948, en París, la humanidad concluyó que ya estaba harta de la crueldad de las guerras y llegaron a la misma conclusión que Heródoto y Aristófanes, aunque un par miles de años después que ellos. Un grupo de humanos sabios formuló e hizo que la ONU proclamara la Declaración Universal de los Derechos Humanos. También es cierto que no todos países la asumieron, que España tardó lo suyo en hacerlo y que aún hoy el déficit de bondad impide que todos lo hagan.

Quizá, porque no parecen entender que «la vida humana no se debe entender como un mero transcurrir biológico sino como un espacio profundamente vital donde mujeres y hombres puedan desarrollar todas las capacidades de las que se hallen dotadas y las compartan de forma fraternal con sus congéneres».

Estos derechos humanos son universales, es decir, que son propiedad de todas las personas por el solo pero enorme hecho de haber nacido humanos. Sin embargo, hoy ya transcurrido casi un cuarto del actual siglo de esa declaración, han renacido crueles corrientes de pensamiento que consideran la defensa de los derechos humanos como un posicionamiento *naïf* o pequeño burgués, *buenista* ante un mundo complejo y en creciente degradación que se pretende que admitamos como el paradigma de lo que dicen que es el *mundo real.*

Como en cualquiera de los clásicos de la novela negra basta con seguir el dinero para saber quiénes alimentan la máquina de la crueldad y quienes los insensatos que prefieren la industria de la guerra a la paz. Seguir las huellas de sus ganancias no resulta difícil, el escritor y humanista Eduardo Galeano reflexionaba así sobre las guerras:

Las guerras siempre invocan nobles motivos, matan en nombre de la paz, en nombre de dios, en nombre de la civilización, en nombre del progreso, en nombre de la democracia y si por las dudas, si tanta mentira no alcanzara, ahí están los grandes medios de comunicación dispuestos a inventar enemigos imaginarios para justificar la conversión del mundo en un gran manicomio y en un inmenso matadero.

En Rey Lear, Shakespeare, había escrito que en este mundo los locos conducen a los ciegos. Y cuatro siglos después los amos del mundo son locos enamorados de la muerte que han convertido al mundo en un lugar donde cada minuto mueren de hambre o de enfermedad curable diez niños. Y cada minuto se gastan tres millones de dólares en la industria militar que es una fábrica de muerte.

Las armas exigen guerras y las guerras exigen armas. Y los cinco países que manejan las Naciones Unidas, los que tienen derecho a veto resultan ser también los cinco principales productores de armas.

Uno se pregunta, ¿hasta cuándo? ¿Hasta cuándo la paz del mundo estará en manos de quienes hacen el negocio de la guerra? ¿Hasta cuándo seguiremos creyendo que hemos nacido para el exterminio mutuo? Y que el exterminio mutuo en nuestro destino, ¿hasta cuándo? Preguntas del escritor uruguayo que siguen pesando sobre cada uno.

La libertad de empresa es tan legítima como que el objetivo de toda actividad comercial sea obtener beneficios económicos; sin embargo, no es muy seguro que sean igual de legítimas sus praxis para obtener esos beneficios.

Entre esos damnificados «colaterales» que provoca la libertad de empresa se hallan el derecho a la salud de sus trabajadores, la preservación del medio o los derechos de los pueblos originarios a sus propiedades históricas en distintas zonas del planeta. Gran parte de las demandas SLAPP, que son cientos, caen sobre quienes indagan en las explotaciones que vulneran algunos de esos derechos. También contra las comunidades locales que denuncian que están en riesgo de subsistencia por esas actividades y contra militantes defensores del medio o sus organizaciones como pudiera ser Greenpeace, por mencionar la quizá más conocida.

La Responsabilidad Social Corporativa (RSC), en muchos casos, es un mero argumento de marketing dirigido a los consumidores y se han demostrado cómo son de huecas sus normas. Incluso algunas empresas han negado que tuvieran responsabilidad alguna con las necesidades sociales. Esto es flagrante en España donde las organizaciones representativas de los medios audiovisuales han negado que deban asumir una responsabilidad social y de forma reiterada incumplen obligaciones tan elementales como evitar discriminaciones por género o por etnias, o evitar la reproducción de mensajes de odios de terceros.

Es vano que el Consejo de Derechos Humanos de las Naciones Unidas haya hecho suyos los Principios Rectores sobre las Empresas y los Derechos Humanos que fija normas de conducta que deberían observar todas las empresas y todos los Estados en relación con las empresas y los derechos humanos. Lo de «deberían» es porque estos Principios Rectores no tienen carácter jurídico vinculante.

Colaboradores necesarios del crimen

Un breve recorrido por algunas de las empresas internacionales que estuvieron al servicio del nazismo y el fascismo durante su expansión en la Europa de la década de 1930 e incluso durante la Segunda Guerra Mundial permite visualizar como el comercio sin escrúpulos contribuye al sacrificio humano.

Thomas Watson, fundador de IBM recibió la Gran Cruz del Águila de manos de Hermann Goering, por su aporte a la automatización de la identificación de unos 600.000 judíos alemanes con el relevamiento de datos en registros municipales, religiosos y gubernamentales. La filial de IBM «Deutsche Hollerith Maschinen Gesellshaft» (Dehomag), diseñó y perfeccionó un sistema de cruzamiento de datos de los judíos de Alemania gracias al uso de las tarjetas perforadas. Así se llegó a confiscar sus bienes, deportarlos, utilizarlos como mano de obra esclava, confinarlos en los campos de concentración, trabajo y exterminio, de manera efectiva.

Nestlé, además de girar fondos para partidos fascistas de Suiza y otros lugares del mundo, empleó miles de prisioneros para su producción; en 2000, tuvo que pagar 14,5 millones de dólares como resarcimiento a las víctimas de esa explotación. Confesó «es cierto o se puede asumir que algunas empresas del grupo Nestlé con actividad en países controlados por el régimen del Nacional Socialismo tenían trabajadores esclavizados».

Cuando Coca Cola GmbH no pudo seguir importando de EE.UU. la materia prima de su producto estrella creó la marca Fanta para comercializarla en la Alemania nazi. Su directivo Max Keith nunca fue nazi, pero para mantener la empresa llegó a un acuerdo con el Tercer Reich, al igual que muchos otros empresarios alemanes. Hizo que la compañía obtuviera beneficios y que distribuyera coca cola al ejército estadounidense en Europa tan pronto como la ocuparon.

General Electric fue multada en 1946 por el Gobierno de EE.UU. por sus actividades especulativas durante la guerra. Junto a la empresa alemana Krupp «de forma intencionada y artificial subió el precio del carburo de wolframio», un material vital para la maquinaria de guerra. Con esa estafa ganó en 1936 en torno a 1,5 millones de dólares mientras aumentaba los esfuerzos de guerra de su país. GE había comprado acciones de Siemens antes de la guerra, y se convirtió en su cómplice en el uso de mano de obra esclava para construir cámaras de gas donde murieron muchos de esos trabajadores.

Este tipo de historias se han prolongado en el tiempo y hoy la empresa mexicana Cemex, es una de las proveedoras de cemento y concreto premezclado más grande que, a través de su filial Readymix Industries Ltd, ha proporcionado hormigón para la construcción de múltiples proyectos en la Cisjordania ocupada, incluido el muro de separación ilegal de Israel y puestos de control militares, así como proyectos de infraestructura en asentamientos ilegales israelíes, según lo reportado por la ONG Who Profits.

En 2021, Cemex vendió sus dos últimas plantas ubicadas en zonas industriales de los asentamientos ilegales de Atarot y Mishor Adumim en la Cisjordania ocupada a la empresa privada israelí Future Concrete Ltd. Así, Cemex sostiene que ya no tiene instalaciones de producción en la ocupada Cisjordania. Sin embargo, el director general de la empresa ha declarado que la venta sólo incluyó la propiedad y las instalaciones, mientras que las operaciones aún están a cargo de la filial de Cemex, Readymix.

En 2015, Cemex abandonó de manera similar sus actividades mineras en la Cisjordania ocupada, cuando se deshizo de su participación del 50% en la cantera de Yatir. Esa venta siguió a la decisión de varios inversionistas institucionales noruegos y suecos de excluir a Cemex de sus carteras debido a estas actividades. La empresa llevó a cabo una evaluación de riesgos para los derechos humanos y anunció una nueva política de no suministrar materiales de construcción a los asentamientos ilegales de Israel.

Todas las guerras son iguales. Creo...

Es posible que este artículo no responda a las primeras intenciones de los colegas y buenas personas, a la vez, que me lo han encargado. Como ya he señalado, tampoco responde a las que yo vislumbré en ese momento en los que pensaba en algo parecido a una selección de los conflictos bélicos más crueles o de aquellos que más hubieran perturbado la conciencia de mis congéneres europeos o acaso de las guerras más injustas infligidos a los pueblos de la América Latina... Por un momento, pensé en hacer una incursión por las actuales matanzas en Oriente Próximo o África y también cómo haría para seleccionarlas. Finalmente lo descarte, porque ninguna de ellas ha sido menos dolorosa que la anterior.

La crueldad ejercida en todos los conflictos que podría mencionar es similar; como es idéntico el dolor sufrido por sus víctimas mortales o las ausencias que ellas han dejado en todos sus seres queridos. Igualmente, húmedos y salados son los ojos de los niños abandonados en todos los campos de refugiados e igual de yermos sus futuros. Los pies cansados de los que huyen sufren los mismos desgarros o se mojarán en las mismas pateras; todos en busca de un espacio donde saciar sus hambres de esperanza que suelen chocar contra alambradas de indiferencia.

Porque las guerras, todas las guerras no sólo matan y desgarran carnes, también destrozan proyectos de vida y pueden llegar a hacer imposible el amor por el prójimo.

Mi entrañable Julio Anguita, que sufrió el sacrificio de su hijo en la infame guerra de Irak auspiciada por tantos patriotas del infortunio y de la crueldad, dijo: «*Malditas sean las guerras y los canallas que las hacen*».

Agregaría a esa lista de insensatos a los publicistas del odio y de la muerte que azuzan al desastre disfrazados de medios de comunicación; sin la complicidad necesaria de muchos de ellos es posible que gran parte de las guerras sufridas y otras atrocidades cotidianas no hubieran asolado a la humanidad como lo siguen haciendo.

Las consecuencias psico-socio-patológicas de los conflictos bélicos.

Originarios de los tres pilares de la injusticia

Andrés Casccio, 33º

> «El objetivo de la acción guerrera es un equivalente del fin político».
>
> Carl von Clausewitz

La humanidad, desde algún momento cercano al principio, se ha sostenido sobre tres pilares, que han sido la base esencial para la constitución de las organizaciones, que conformadas primero en conglomerados o agrupaciones y luego en asociaciones tribales, hasta llegar a las sociedades actuales, estructuradas en torno a esos mismos pilares se constituyeron en lo que hoy conocemos como estados.

Esos tres pilares son y han sido la FE, un conjunto de creencias o dogmas alrededor de los misterios de la vida y de la muerte, construidas en torno a mitos y leyendas, que dieron lugar a las religiones, que dio lugar a sentimientos de veneración, y hasta normas morales para regir las conductas individuales y sociales; la FUERZA, que impulsó al homus societas (lo que es más correcto que decir Homo sapiens), a luchar por el dominio del otro, al combate por hacer prevalecer su idea, sus intereses y sus necesidades, aún en detrimento de todos los otros y la POSESIÓN, actitud generada seguramente en las necesidades primarias o en los instintos primitivos, que se ha ido extendiendo a la rapacidad hasta abarcarlo todo, primero de cada ser en sí mismo y luego del conjunto agrupado en sociedad.

Por otra parte el ser humano, se ha ido agrupando, en torno a los usos y costumbres que ellos mismos han ido constituyendo, dando lugar a la tradiciones trasmitidas los unos a los otros y de generación en generación y conformando una misma cultura, que podríamos definir como concepciones desarrolladas a un mismo juicio crítico, conocimientos diferenciales que dieron lugar a los conocimientos trasmitidos en base a las normas en común, adoptadas o bien impuestas, tal vez por la casta dominante en algún momento, por los custodios o sacerdotes de algunas de las religiones que aportaron las formas comportamentales o por el desarrollo o la configuración a través de los tiempos y que así mismo, asumieron una forma de comunicación, que constituyó el lenguaje propio de esos colectivos, agrupamiento social que denominaríamos nación.

Esos tres pilares (FFP) levantados en torno a la nación o a los estados (formas de administración de una sociedad en torno a un territorio determinado), desde la antigua UR, en la media-luna de las tierras fértiles, entre los ríos Éufrates y Tigris hasta la actualidad, han sido causa y principios de los conflictos, en especial confrontaciones abiertas o bélicas, que desde la antigüedad han provocado innumerables, sangrientas y repugnantes guerras entre los seres humanos.

Han existido copiosos intentos para la convivencia en paz y desterrar la guerras, desde el pensamiento germinado en distintas escuelas filosóficas y en políticas basadas en la concordia, sin embargo, todos los intentos parecen haber sucumbido ante la realidad inexorable de que la conflictividad enraizada en la esencia del homus societas, y basada en los tres pilares, FE, FUERZA y POSESIÓN, e inherente a la humanidad, que si se me permite, poco tiene de estar compuesta por esos seres dados en llamar *HOMO SAPIENS.*

Los desoídos Derechos Humanos Universales, quedan sub-yugados a los intereses bien sean estos económicos, políticamen-te oscuros o sustentados en las creencias religiosas, que se atri-buyen la verdad universal y la justificación de todas las dudas y misterios y, por consiguiente, se abren brechas constantemente que originan conflictividad y de allí a nuevas guerras.

En el trasfondo honesto de los líderes religiosos, de la gober-nanza o del poder económico se halla, sin lugar a duda la igno-rancia; una ignorancia exprofesa y encubridora de intereses obyectos de sentimientos enraizados en la Fe, la avaricia eco-nómica y la impudicia gobernante.

Hoy las guerras de religión desangran los territorios que van desde los países del llamado oriente medio, hasta múltiples focos en África, sin excluir los conflictos abiertos, más o menos perma-nentes por estos motivos, en los países de Europa y América.

Desde el punto de vista del poder económico, entran en gue-rra, sin arriesgar hombres y mujeres militares o civiles, aque-llos estados con fuertes intereses de poder económico fabrican-tes de armas y otros suministros militares y con capacidad para obtener los contratos para reconstruir los daños que ellos mis-mos han contribuido a provocar con la destrucción.

Sin embargo, el mayor drama de los conflictos bélicos, son las secuelas físicas y psíquicas que dejan en los supervivientes. Una cantidad ingente de personas con discapacidad, tullidos, enfermos aquejados de disfunciones cardiorrespiratorias, di-gestivas o renales y personas con graves trastornos psi-cológicos, son los testigos mudos que se ven arrastrados a una vivencia de sufrimientos, e infelicidad, a una vida cercenada, a las pérdidas irreparables y hasta el olvido.

Las consecuencias psicológicas

Los efectos psicológicos de la guerra incluyen síntomas de-presivos, y trastornos de ansiedad generalizada, aunque el más conocido y que sufren una gran cantidad de los que regresan, es el Trastorno por Estrés Post Traumático (TEPT), pero también, hay que destacar, la pérdida de la identidad y las conductas regresivas en la población más afectada por los conflictos bélicos.

En los TEPT, uno de los trastornos frecuentes con una incidencia mayor y de pronóstico, la mayoría de las veces con carácter reservado, estas personas suelen presentar recuerdos angustiosos recurrentes, involuntarios e intrusivos del suceso(s) traumático(s). Sueños angustiosos recurrentes en los que el contenido y/o el afecto del sueño está relacionado con el suceso(s) traumático(s); Reacciones disociativas (p. ej., escenas retrospectivas) en las que el sujeto siente o actúa como si se repitiera el suceso(s) traumático(s). (Estas reacciones se pueden producir de forma continua, y la expresión más extrema es una pérdida completa de conciencia del entorno presente) y otras sintomatologías que redundan en intensa dificultad para sobrellevar una vida, medianamente normal, a lo que cabría agregar la Incapacidad persistente de experimentar emociones positivas (p. ej., felicidad, satisfacción o sentimientos amorosos). Las mujeres, y especialmente las jóvenes, e incluso niños y niñas, son a menudo sometidas, violadas, secuestradas y forzadas a la esclavitud sexual o cualquier tipo de abuso sexual, cuándo no de abuso de autoridad; son vejadas, humilladas y dañadas en lo más profundo de sus sentimientos psicológicos, y valores morales, lo que también trasciende al grupo social, comunidad, clase social o etnia a la que pertenecen.

Por otra parte, el deterioro o la destrucción de la infraestructura económica, social y política de las naciones en conflicto, impide la atención de las necesidades básicas en materia de salud, alimentación, vivienda e higiene, lo que afecta directamente a su estado psíquico y moral y contribuye notablemente al deterioro de la salud mental.

Habría que destacar que este tipo de situaciones afecta colateralmente a las familias, ancianos y otros ciudadanos/as que no participan activamente en la guerra, pero se encuentran dentro de la zona de conflicto. En estos casos, es común observar, no solo los trastornos de ansiedad generalizada y frecuentes episodios de *panic atac* (ataques de angustia), sino también trastornos de frustración, vacuidad y soledad; pacientes que presentan pérdida del sentido de la vida, sentimientos de odio, desesperación, desprecio, ira, mujeres que sufren el síndrome del trauma de la violación y trastornos persistentes de la personalidad.

El trauma no solo cambia el funcionamiento de nuestro cerebro a nivel químico, sino que también cambia nuestra red emocional y nuestras vías neuronales. Esto puede provocar una incapacidad para regular nuestras emociones, lo que suele derivar en ataques incontrolables de ira, conductas obsesivas, desapego y hasta incapacidad para experimentar amor.

A todo esto, hay que considerar al innumerable número de personas que sufren el exilio. Las migraciones con frecuencia y en su inmensa mayoría, tienen origen en zonas en conflictos, bien bélicos o bien debido a un sistema económico que los sumerge en una carencia tan extrema, que provoca la huida.

Las corrientes migratorias están provocadas por los tres pilares, (FFP) devastadores de las condiciones mínimas de una subsistencia digna y así estas personas se ven obligadas a un exilio insoportable, que viene acompañado de secuelas psicopatológicas.

La angustia aparece como síntoma más notorio, se manifiesta en especial durante los primeros meses de exilio: llanto, palpitaciones, ansiedad constante, inquietud, bulimia o inapetencia, insomnio, pesadillas, labilidad emocional con irritabilidad fácil, para dar paso algún tiempo después, a un estado de depresión. La mayoría de los colectivos de exiliados padecen de un síndrome de ansiedad-depresión, que en ocasiones dura décadas.

Terminada la guerra, aparece la fractura del proyecto vital y una alta carga de estrés, tanto en aquellos ciudadanos/as que permanecen en el territorio, como los que se ha visto obligados a emigrar.

Las personas desplazadas hacia el exilio suelen desarrollar un sentimiento de pérdida de identidad y de transitoriedad, que, sin lugar a duda, dificulta su integración sociocultural y su capacidad de adaptación frente a un agente perturbador o a un estado o situación adverso en el sitio de llegada, que no siempre de acogida y que se presenta resistente.

La guerra supone un enfrentamiento de poderes y no es un acto ético, ni justo, ni racionalmente propio de un ser humano. La humanidad debería asumir una dimensión universal, más allá de cualquier frontera o de cualquier muralla, sea esta de piedra o cultural.

El impacto de la violencia y de cualquier conflicto abierto afecta no solo a los que luchan o son víctimas directas; los efectos psico/socio/patológicos se extienden a las comunidades que los envuelven y a las personas directamente relacionadas con ellos, desde un enfoque sistémico, abraza a todo su entorno, generando un trastorno colectivo, que deja marca indeleble, generando odio, rencor e ira, en definitiva, una sintomatología asociada y colectiva, que en muchas ocasiones permanece, al menos, durante una generación.

Los estados, en la actualidad, no cuentan con suficientes medios para hacer frente a la salud mental, menos aún mecanismos de afrontamiento. La importancia política de los estados que se constituyen en territorios de primer alcance de las corrientes de aquellos que huyen de la barbarie y el latrocinio, es brindar mecanismos para prestar un apoyo social para la recuperación de los afectados.

La guerra en la antigüedad, en la lucha encarnizada entre hombres a pie o a caballo, justificaba un combate acorde con el estado de civilización y las estructuras políticas de entonces, pero la guerra de hoy, (por ejemplo, la que asola el cercano oriente), es un crimen de estado, crímenes masivos, en este caso como respuesta, una agresión también criminal, llevadas a cabo por organizaciones armadas conocidas como terroristas. Una lucha entre bandos aferrados al crimen, a la sinrazón, a la barbarie y no radicalmente diferente a las guerras coloniales o de la segunda guerra mundial.

Los conflictos abiertos, solo pueden resolverse mediante el empleo de la razón, con el dialogo y la negociación, desde la óptica de un solo mundo, una única raza, la humana, un solo territorio, el Planeta.

Guerras visibles, guerras ocultas

Lluis Medir

«Cuando un pueblo vota por la guerra nadie piensa en su propia muerte, sino que piensa en la ruina de los otros».

Eurípides, *Las Suplicantes*

Esta cita nos permite reflexionar sobre la guerra misma, a la vez que nos ayuda a contextualizar la guerra en relación a la evolución de los «sapiens». Los autores suelen datar la tragedia de Eurípides en el año 423 A.C. Lo que no significa, evidentemente, que la guerra entre Tebas i Atenas, primera de las del Peloponeso, fuera, a su vez, la primera en la que se enzarzaron los humanos. Y, tristemente, no fue la última, así como las actuales tampoco tienen viso de serlo.

Eurípides ensalza la democracia ateniense, aun afirmando implícitamente que la decisión de entrar en guerra, incluso haciéndolo democráticamente, es un error: la describe como lo que en lenguaje moderno llamaríamos un «boomerang».

Es indudable que la guerra es tan antigua como la humanidad y, en estos momentos, parece que hemos decidido (¿democráticamente?) seguir viviendo con ella, incluso, tal vez, extinguirnos en ella, algo que desde el siglo pasado ya es posible técnicamente.

Sirva esta pequeña introducción como una propuesta de reflexión sobre la perennidad de la guerra en nuestra historia. Para poder hablar de la distinción entre guerras «visibles» i «guerras ocultas» quizás sea bueno comenzar por pensar en que consiste una guerra. Y en como la definimos en nuestra lengua: según el diccionario de la Real Academia, guerra es: «Desavenencia y rompimiento de paz entre dos o más potencias» La segunda acepción que nos ofrece es: «Lucha armada entre dos o más naciones o entre bandos de una misma nación». Es decir, rotura de paz, uso de la fuerza de las armas.

Más allá de la definición aséptica, objetiva, probablemente limitada y políticamente discutible (¿que entendemos por paz?), de nuestro diccionario, debemos tener en cuenta a dos clásicos: Carl von Clausewitz y su celebérrima definición: «La guerra no es simplemente un acto político, sino un verdadero instrumento político, una continuación de las relaciones políticas, una gestión de las mismas por otros medios».

Y la no menos trascendente ni menos conocida de Michel Foucault: «la política es la continuación de la guerra por otros medios». No se trata, aquí y ahora, de analizar la contraposición entre ambos autores, que a mi parecer tienen un nexo común: guerra y política están íntimamente ligadas: la política como forma de gestionar los intereses puede conducir a o degenerar en un conflicto armado. A la vez, estas dos citas nos evidencian muy bien el tránsito entre el tiempo de uno y otro autor, desde las guerras napoleónicas hasta las de finales del pasado siglo XX. Entre estas dos épocas se produce un cambio trascendente en las guerras: van pasando desde un «orden cerrado», (es decir, la sujeción a unas normas) al «sálvese quien pueda» de la actualidad, donde a las guerras ya no se las reconoce ni por su nombre. Estamos viendo como Vladimir Putin llama «operación militar limitada» a su invasión de Ucrania o Netanyahu realiza una «incursión» en Líbano o «operaciones de castigo» en Gaza, mientras que en Cisjordania nos hallaríamos ante un simple problema de orden público. Que lejos quedan los rituales de la declaración de guerra a través de empingorotados embajadores, la convención de Ginebra, las convenciones de la Haya o el apartar de la masacre a la población civil. Desgraciadamente, sean visibles u ocultas, las guerras contemporáneas no respetan absolutamente nada ni a nadie.

En estos momentos, datos de junio de 2024, la humanidad se está desangrando en 56 guerras que afectan a 92 países. No es el peor año del último decenio: en 2018 y 2017 tuvimos hasta 61 conflictos en marcha. En ningún caso sirve de consuelo, tan solo es útil para ver cómo se sostiene, con altibajos, la cotidianeidad de la guerra. Es aterrador contemplar en un «mapamundi» los colores que identifican a la parte de nuestro planeta que se halla en guerra: es una mayoría aplastante de nuestra superficie planetaria. Tan solo la Antártida (obviamente) se ve libre de guerra. Y África (sus países más pobres) se lleva la peor parte. A la vez, esta cifra nos habla de que a los 56 conflictos armados inventariados no le corresponden 112 países, sino 92. O sea, que en muchos casos nos hallamos ante las llamadas «guerras civiles», curiosa y aceptada denominación para una situación que no tiene nada de civil. Por otra parte, algunas de estas guerras son de secesión, con lo cual es dudoso calificarlas como «civiles».

No se trata de reproducir exhaustivamente la lista de guerras en curso. Esta lista está disponible fácilmente. Pero es conveniente destacar las más «veteranas». Las decanas de las situaciones de conflicto armado son Baluchistán y Kurdistán, ambas empezadas en 1946. La del Baluchistán empezó como guerra fronteriza (Pakistán-Irán) y ha evolucionado a conflicto por el control y represión del terrorismo. Es una de las más desconocidas. La del Kurdistán afecta a Siria, Turquía (miembro de la OTAN) Irán e Irak. Y, naturalmente, al pueblo kurdo. Es una guerra ancestral e intermitente de base territorial con fondo étnico, cultural y religioso que se agrava con los episodios de inestabilidad de los cuatro estados en cuyo interior se halla la nación kurda. Adquirió notoriedad en los momentos álgidos de la guerra civil de Siria (2011, aún no concluida).

La guerra kurda y las otras de la zona (notablemente las árabe-israelíes, que empiezan en 1948) tienen un rasgo común de gran importancia y, a la vez, extrapolable a muchas de las guerras ocultas en el resto del mundo: la herencia colonial. Efectivamente, las potencias europeas decidieron organizar el mapa postcolonial trazando líneas rectas como si la tierra fuera plana y las etnias de los territorios fueran prescindibles. Se decidió no crear un estado kurdo y la guerra kurda de hoy es su trágica e inacabable consecuencia.

También Birmania vive en guerra desde 1948. Episódicamente tenemos constancia de ella: por ejemplo, cuando saltó a la luz el genocidio perpetrado contra los rohinyas. Pero nuestros intereses no pasan directamente por Birmania y en consecuencia estamos preocupados por espacios de sus cercanías en situación potencialmente bélica (Taiwán) o en guerra declarada con actividad cero (las dos Coreas)

Una de las grandes preguntas que debemos plantearnos es la razón por la cual una guerra determinada se hace visible y acapara la atención de una parte importante de la población. En mi opinión, como apunto líneas arriba, tiene que ver, básicamente, con su importancia a nivel geoestratégico («palabro» muy en boga), es decir, con intereses económicos y, de manera relacionada, territoriales, en doble sentido: búsqueda del crecimiento en extensión territorial y ubicación en el mapa.

De las 56 guerras en curso, la de Ucrania es una de las dos que acapara mayores atenciones, preocupación y, hay que admitirlo, mayor riesgo; no obstante, cuando Putin devastó Chechenia, por ejemplo, nadie se preocupó más allá de lo normal. Tampoco suscitaron mayor interés las demás guerras del Cáucaso, azuzadas por control remoto, una vez superadas (y demasiado olvidadas) las guerras de los Balcanes. ¿Pero a quién le interesa la geoestratégica? Creo que la respuesta es clara: a las grandes potencias, a sus poderes reales y a los ciudadanos del mundo occidental. La guerra que se disputa la atención con la de Ucrania es la de Israel contra Palestina y otros estados de la región. También nos concierne directamente y por tanto acapara visibilidad. Ambas (Ucrania i Oriente Medio) se turnan según la fase en que se hallan: dependiendo de la agudeza de la situación, una de ellas emerge hasta hacer casi imperceptible a la otra. Es más que probable que las víctimas del resto de conflictos, los más o menos ocultos, no participen de esta diferenciación entre guerras según el grado de atención que despiertan en las sociedades como la nuestra.

El parámetro fundamental al que debemos referirnos al hablar de guerras es el sufrimiento de la población que las padece directamente. Y si son pobres, como resulta en la mayoría de los casos, mayor sufrimiento. El resto o es relativamente menos grave o siendo muy grave no es inminente, aun siendo posible: la guerra nuclear. Este sufrimiento generalizado, ciertamente, tiene matices, incluso matices importantes: no es lo mismo sufrir la guerra des de Kiev que desde Gaza o desde las trincheras del Donbass; pero tampoco lo es desde las sabanas del Sahel, las selvas del sudeste asiático, en territorios de la India, en ámbitos azotados endémicamente por hambrunas o en el marasmo de las narco-guerras de América. Aceptando la magnitud de la tragedia en toda su dimensión, el matiz realmente existente es (y no es menor) si los ciudadanos victimas pueden acercarse o no a alguna forma de estado que mitigue el sufrimiento. Por ejemplo, alimentación, educación o sanidad.

A modo de resumen, creo que en pleno siglo XXI nos enfrentamos a una extensísima práctica de la guerra como forma de hacer política. Su publicidad o notoriedad dependen de los medios y estos a su vez dependen de los poderes reales, que solo en determinados lugares coinciden con la organización política.

A la vez, a estos mismos poderes no les interesa que conozcamos en profundidad la magnitud de la tragedia: se trata de evitar que muchas de las guerras dejen de ser invisibles puesto que su motivo es inconfesable: la búsqueda insaciable de recursos, la explotación de territorios en aras del dominio de las grandes potencias y los estados que las representan: Estados Unidos, China, Rusia y la vieja y destartalada Europa. Sin olvidar un sector económico emergente: la industria del armamento y su tráfico voluntariamente escondido e incontrolado.

Se trata, en definitiva, de un neocolonialismo que se pretende encubrir centrando la atención en las guerras con las que sentimentalmente nos es más fácil identificarnos: no en vano Ucrania es un país de blancos europeos igual que Israel. Nos hallamos pues ante guerras de dos categorías: las de los países próximos y ricos, siempre de actualidad, y las de los países pobres (la mayoría) a los que condenamos no solo a sufrir los estragos bélicos sino a ser escondidos en el rincón del olvido. No vaya a ser que nos suban el precio de la electrónica o de la energía, incluida la renovable: ¿les suenan las llamadas «tierras raras»?

Desde Eurípides han pasado casi 2500 años. En vez de seguir pensando en la ruina de los otros ya deberíamos haber entendido que su ruina es la nuestra, como nos sugería el propio Eurípides. Y deberíamos, simultanea y consecuentemente, convocar a la paz desde los ideales de igualdad, libertad y fraternidad que tantos compartimos. Esta es, perdonen el uso de la palabra, la batalla de nuestros días.

La paz y la masonería

Manuel Según Alonso, 30º

«Cuida tus pensamientos, porque se convertirán en tus palabras. Cuida tus palabras, porque se convertirán en tus actos. Cuida tus actos, porque se convertirán en tus hábitos. Cuida tus hábitos, porque se convertirán en tu destino.»

Gandhi

Se viven momentos convulsos y muy delicados que anuncian tiempos aún más difíciles. Pero esto no es único de nuestro tiempo. Así, la masonería se ha preocupado de la paz desde sus inicios como lo hace en la actualidad. No se puede olvidar, que la masonería y la paz comparten los principios de libertad, igualdad y fraternidad, pero también el de justicia. Véase algunos ejemplos:

- El masón escocés Andrew Michael Ramsay, fundador de los altos Grados, ya en 1736, defendió que los fines de la masonería era el progreso de la humanidad y la paz mundial. Para lograrlo, planteó la idea utópica de una República Universal.

- Tras esta idea, en Francia, muchos filósofos de la ilustración encontraron en las logias un espacio propicio para el debate y la defensa de la necesitad de un cambio social que llevase a un mundo donde primase la paz. Veían necesario la división de poderes, una moralidad universal, el establecimiento de la democracia, la libertad de conciencia y la universalización del conocimiento...

- El 26 de agosto de 1789, la Asamblea Nacional Constituyente francesa, de la cual, doscientos catorce miembros eran masones, establece la Declaración de los Derechos del Hombre y del Ciudadano, preludio de los Derechos Humanos.

- El filósofo y masón alemán Karl Krause, inspirador, en gran medida, de los principios educativos y sociales de la masonería española de los siglos XIX y XX, establece el *«Ideal de la Humanidad»*, según el cual la sociedad va desarrollando mayores *«estados de racionalidad y conciencia»* y propone la superación del concepto de Estado-Nación, proponiendo una *«Alianza de la Humanidad»*.

- En 1903, el Bureau Internacional de Relaciones masónicas, con sede en Neuchâtel (Suiza), defiende que la paz y el desarme son principios masónicos.

- En febrero de 1904, el Comité director de la Gran Logia Suiza Alpina dirige una circular a la Masonería Universal, pidiendo la celebración del día de la Paz el 18 de mayo. En las logias del Gran Oriente Español (GOE) se celebra la fiesta de la Paz los años siguientes, quedando institucionalizada en 1907.

Se podría decir que la masonería ha mantenido desde sus inicios la utopía de construir una República Universal que garantice los derechos humanos, la democracia, el progreso social y la paz.

Por su parte, la masonería española, al igual que la del resto de países de su entorno, se ha mantenido desde sus inicios, dentro de un marco ético-jurídico laicista. Así, la educación para la paz se desarrolla y enmarca dentro de su tradición pacifista. Se puede afirmar que desde el nacimiento de la primera Gran Logia Nacional de España en 1809 y más tarde, del Supremo Consejo de Grado 33 para España y sus Dependencias en 1811, del que el Supremo Consejo Masónico de España es su continuador, mantienen un marco en favor de la paz que se pone de manifiesto, por un lado, mediante declaraciones de principios; y por otro, mediante el apoyo de actividades prácticas y proyectos que defienden tanto a las corrientes pacifista de carácter local como internacional. De hecho, uno de sus fines primordiales es crear vínculos de paz y amor. Planteamientos que se mantiene hasta la actualidad. Véase algunos ejemplos:

- En las constituciones del Gran Oriente de España de 1871 se decía: «La masonería tiene por objeto la perfección de los hombres [...]; por esta razón la masonería que reconoce y proclama la autonomía del individuo, es una sociedad pacífica que realiza una misión humanitaria y civilizadora; en consecuencia, todo masón deberá ser también un ciudadano pacífico, de honrada y moral conducta...».

- En 1889, la logia Libertad de Madrid, al igual que otras logias, se adhiere a la Liga de la Paz y la Libertad y constituye un comité de Paz.

- En septiembre de 1900, en París, la masonería española asiste a una tenida magna colectiva, dentro del Congreso de Paz que se estaba celebrando dedicada a la Paz y el Arbitraje Internacional.

- En los primeros años del siglo XX, el Gran Oriente Español propone a sus logias el tema: «¿Son el desarme general y la política de la paz principios masónicos? Y si lo son, ¿por qué medios podrán ser llevados por la Masonería a la práctica en el mundo profano?».

- En 1903, el GOE publica un escrito titulado «La paz universal», que respalda los acuerdos de la I Conferencia de Paz de la Haya, que se había celebrado en 1899.

- En 1905, el GOE, recomienda la abolición de las guerras y la defensa de la Paz.

- El 5 de agosto de 1907, el capítulo Esperanza de Madrid estudia un trabajo titulado «Idea de la paz y de la guerra entre las naciones». Se defiende que los pueblos deben arreglar sus diferencias por medio del arbitraje.

- Ante las amenazas de guerra, que planea en 1912 sobre Europa, la Asamblea General del GOE incluye un punto que lleva por título *«La Paz Universal»,* donde se afirma que la Francmasonería no puede permanecer inactiva ante el problema de la paz.

- El estallido de la Gran Guerra en 1914 y sus consecuencias supone un gran impacto en la masonería española. Mantiene los ideales de paz que considera una conquista del derecho internacional. De hecho, afirma, que la contienda representa «la destrucción del concepto humanista en que se había fundado el parlamentarismo y la democracia liberal en Europa».

- A los dos meses de comenzada la Gran Guerra, el Gran Consejo del GOE remite a todas sus logias una plancha, invitándolas a colaborar con la masonería francesas en defensa de los heridos de todas las creencias y nacionalidades. En octubre, nombra una comisión con el fin de la elaboración de un dictamen que pretende protestar contra los actos de barbarie que se están cometiendo en la guerra y se solidariza con los países víctimas de ella.

- En enero de 1917, Luis Simarro, como Gran Comendador, se dirige a la Federación del GOE haciendo: «fervientes votos porque en el año actual renazca potente y esplendorosa la aurora de la paz y terminen para siempre los horrores de la guerra que tantas víctimas ocasiona y tan destructores efectos viene produciendo en el suelo de Europa».

- Para celebrar el final de la guerra, el GOE organiza en el teatro Benavente de Madrid, el 4 de diciembre de 1918, una tenida blanca o «Festival Masónico en honor de la paz y de los aliados».

- En la Asamblea del GOE de 1920 se aprueba la necesidad de un organismo internacional que vele por la paz mundial.

- Un año más tarde, en 1921, el Gran Maestro Augusto Barcia en la Gran Asamblea dirige un discurso en el que defiende la necesidad de luchar por la paz.

- En el verano de 1923 se publica en el Boletín Oficial del Supremo Consejo de grado 33 para España y sus Dependencias, un artículo titulado «Por la Paz del mundo».

- En octubre de 1925, Augusto Barcia, en representación del GOE, asiste al Convento Masónico Extraordinario de Ginebra. También acuden gran número de delegados de la Asociación Masónica Internacional que, a su vez, son miembros de la Sociedad de Naciones.

- En la Asamblea del GOE de 1927 el Gran Maestro Demófilo de Buen defiende que la masonería tiene como misión la paz y la justicia.

- Durante la II República, el movimiento pacifista masónico español adquirió carta de naturaleza y esto se debió tanto a las condiciones de libertad política como al ambiente antibelicista que surge ante la amenaza de un nuevo conflicto bélico mundial. Los ejemplos son múltiples.

La masonería española, a lo largo de su historia, considera que debe contribuir a la paz y trabajar para conseguir el cese de las guerras y que los conflictos se resuelvan por medio del arbitraje, existiendo la más completa identidad entre el ideal masónico y los principios de los movimientos en favor de la paz. Por ello, la masonería española ha conectado con otras organizaciones internacionales.

Cada uno de los miembros de la Orden está obligado a construir en sus entornos, ambientes de paz. Las logias deben promoverlos y entre sus medidas deben estar la resolución de los conflictos entre sus miembros y con los otros cuerpos masónicos mediante el diálogo y el respeto. Las cámaras de Justicia deben trabajar para la cohesión social de la Orden y para defender el principio de paz.

Se sabe que la paz y la guerra son procesos culturales. En este sentido, se pueden aprender, pero también, y esto es fundamental, desaprender. Para ello, lo primero que se debe hacer es conocer que posibilita la violencia. Esta se entiende, como afirma el pedagogo Bruno Bettelheim, como «el comportamiento de alguien incapaz de imaginar otra solución a un problema que le atormenta» y que tiene como elementos vertebradores: la deshumanización (la consideración de otros seres humanos como «objetos» u inferiores), el mantenimiento de estructuras que perpetúan la injusticia y la falta de oportunidades y de participación, el patriarcado y la mística de la masculinidad, la búsqueda del poder y el dominio, la competitividad, las ideologías exclusivistas, el etnocentrismo y la ignorancia cultural...

Se debe recordar que la violencia se aprende y se transmite mediante procesos de educación y socialización. Nadie nace siendo machista o racista. No hay violencia si antes no ha existido miedo, maltrato, frustración, desamor o desamparo. Por ello, las logias deben ser lugares que cambien estas dinámicas. Construir la paz es un camino largo y tortuoso donde los talleres y sus miembros tienen mucho que aportar. No basta con hacer un acopio de normas éticas y principios de conciencia, sino que es necesario que haya un cambio de conducta. Aprender a dar respuestas no violentas a los conflictos, así como averiguar nuestro grado de responsabilidad en estos. Los cambios serán más fáciles si se es capaz de «imaginar el futuro» e «imaginar un mundo diferente».

En logia se debe trabajar para lograr reconocer la importancia del hecho de la multiculturalidad. Hay que entender que la diversidad humana es una riqueza que acaba con la violencia. La paz que se construye en las logias y se quiere llevar a la vida profana es armónica, siendo el compendio que une la libertad y la justicia que se reviste de fraternidad. Los miembros de la masonería y en especial del Supremo Consejo Masónico de España están obligados a construir la paz. No deben mirar en el exterior, en lo ajeno. Su responsabilidad es irrenunciable puesto que están obligados al perfeccionamiento personal y este debe ir dirigido, entre otras muchas cosas, a construir la paz en todos los entornos. Para ello, se debe abandonar todas las conductas que traigan el uso de la violencia o de la fuerza. Aprender y enseñar que los conflictos se solucionan mediante la negociación y esta se asienta en la capacidad de ponerse en el lugar del otro. Este es un igual, un ser libre y un hermano. La cultura para la paz debe enseñar a perder el miedo a la diferencia, a tratar a las demás culturas en igualdad y vacunar de la tentación de imponer los propios modelos de felicidad.

La masonería, desde su nacimiento hasta la actualidad, ha construido la paz y ha defendido la humanidad. Testifica que tiene como principios fundamentales la tolerancia, la fraternidad y el progreso. Conceptos que no casan con cualquier tipo de violencia y que se convierte en alternativa ante la intransigencia.

La búsqueda de la paz es una actitud ante la vida de todos los miembros de la Orden y en cierta forma, conforma su ideología puesto que envuelve todo su planteamiento y el modelo para acabar con el fanatismo, la superstición y la intolerancia. Construir un mundo donde no tiene cabida la sinrazón, la tiranía y el dogmatismo intransigente. Cada vez que se pierde el gran valor de la paz es un fracaso para sus valores. Cada vez que se logra alcanzarla, aunque sea en una pequeña ensoñación, es un triunfo de todos los miembros de la Orden. La paz se desarrolla en un ambiente de justicia, de tolerancia y de solidaridad. El Amor es la base de todas las relaciones humanas que buscan la paz.

En definitiva, la masonería y la paz están desde siempre ligadas. Así, la Orden en general y la española en particular, a lo largo de su historia ha luchado por «alejar el fantasma de la injusticia y de la guerra» y ha querido llevar sus valores en defensa de la paz y el progreso de la humanidad al mundo profano. Sin olvidar, que las logias deben ser máquinas de construcción de paz y que sus miembros están obligados a promoverla en todos los ámbitos donde actúen y comprometerse en crear entornos seguros donde la paz este presente.

Una visión masónica sobre los conflictos

Pere Bagur, 30º

El conflicto
«Todos los desequilibrios parciales y transitorios concurren
finalmente a la realización del equilibrio total».

René Guénon, *La crisis del mundo moderno*

Está en la naturaleza y es, por tanto, natural: coexisten en todo
dos tendencias opuestas, cuya acción simultánea consigue el
orden, el equilibrio necesario para la vida. Si una u otra dejara
de actuar por completo, jamás se recuperaría el equilibrio y el
mundo desaparecería. Supuesto irrealizable, puesto que cada
una de esas dos tendencias en oposición sólo tiene sentido por
la presencia de la otra.

Esta idea, extraída del texto sobre la crisis del mundo moderno que escribió el simbolista y estudioso francés René Guénon en 1946, viene a confirmar lo que han opinado y escrito
otros tantos estudiosos de la Tradición y de las ciencias humanistas sobre el concepto conflicto: que el conflicto es natural e
inevitable. Que reside en uno mismo y, como consecuencia,
también en la sociedad.

la propia etimología de la palabra *CONFLICTO* se refiere a
esos dos niveles de coexistencia: la exterior y más visible, significando *chocar, golpear, infligir…;* y la interior y menos evidente, significando *confundir, mezclar…*

En todo caso, tanto el conflicto individual como el colectivo comparten definición en la RAE: *combate, lucha, enfrentamiento, disputa, colisión choque...*, expresiones todas ellas que denotan división y discordia.

Muchos han sido los pensadores que han tratado de profundizar en las causas que generan los conflictos sociales. Algunos han señalado la lucha por los valores, por el estatus, *la identidad, el poder y los recursos escasos,* como las más relevantes. Cinco conceptos que explican las guerras que han sido, son y, probablemente, serán, en el mundo. Que explican también las luchas de clase, los conflictos laborales y, más a nivel de usuario, las disputas cotidianas entre vecinos, amigos, compañeros y familiares.

Siendo asumibles, por verdaderas, las causas mencionadas, no están, sin embargo, en el origen del conflicto, sea éste del nivel que sea. El conflicto se genera en el interior de cada individuo, al chocar una con la otra las dos tendencias opuestas que residen en cada uno. La decisión que surja, enfrentada a la del otro, o a la de los otros, trasladará el conflicto interno al exterior. Del individuo a la sociedad.

Ralf Dahrendorf, filósofo y sociólogo alemán, uno de los fundadores de la Teoría del Conflicto Social, ha dejado escrito que «en todas las sociedades se producen constantemente en sí mismas antagonismos que no brotan casualmente ni pueden ser arbitrariamente eliminados». Esto es así al trascender la postura de cada uno sobre cualquier cuestión que se plantee, contraponiéndose a la postura de uno o varios individuos, distinta a la nuestra. Será el ego de todos y cada uno de los concernidos el que finalmente decidirá si genera un conflicto por esa cuestión o si, por el contrario, considera confluyentes los conceptos que se cuestionan.

El ego. El que nos piensa, el que nos interpreta la realidad que nos rodea. El que forma nuestro carácter y nuestra personalidad. Gobernador de la mente, define nuestras creencias, nuestra ideología, la seguridad o debilidad con que afrontamos las situaciones, la contundencia con que defendemos cualquier ocurrencia, la intransigencia que demostramos en ocasiones... El que motiva los conflictos que generamos.

Así, atendiendo a esas capacidades del ego, podemos reconocernos seguidores de tal o cual político, pensador, líder religioso, o de quien sea, y asumir como propias sus convicciones y propuestas. Unidos a otros individuos que coincidan con nosotros, formamos grupos más o menos numerosos, dispuestos a luchar por esas ideas y a enfrentarnos a quienes se opongan. Hemos sacado al exterior nuestra convicción interna y, confrontándola con las de los demás, hemos creado un conflicto social de mayor o menor magnitud.

De ahí las luchas y los enfrentamientos. De ahí las guerras.

El consenso

Las sociedades dedican grandes esfuerzos a resolver los conflictos que ellas mismas han generado. En un conflicto laboral, por ejemplo, se hace imprescindible la figura del mediador para conseguir acercamientos entre las partes enfrentadas. Lo mismo ocurre en el caso de las guerras. Si quieren evitarlas, los estados ponen a trabajar sus diplomacias. Procuran resolver sus diferencias con palabras. En cambio, si buscan la confrontación bélica, sueltan primero las bombas y siembran de muerte la tierra. Quienes atacan buscan vencer. Quienes se defienden intentan no ser vencidos.

Cuando las diferencias acaban en el campo de batalla, los contendientes no demuestran demasiado interés en solucionar el conflicto. Suelen ser terceros países o la denominada «comunidad internacional", los que intentan intermediar. El nivel de implicación, la cantidad de medios humanos y materiales que destinen a ello, dependerá siempre de los intereses políticos, económicos, religiosos o estratégicos que defienda cada uno.

Ya sabemos que los conflictos sociales, aquellos que incumben a dos o más personas, sólo pueden evitarse o resolverse con el acuerdo. Pero ¿cómo acordar si tan grande es la divergencia y tantos, los intereses?

En general, sólo superando aquello que nos separa podemos evitar la colisión o, si ya se ha producido, revertir sus consecuencias. En el caso de las guerras, esa superación es harto improbable. Además, no suele haber igualdad de fuerzas entre los contendientes, con lo cual, el objetivo del fuerte es imponerse al débil, no convencerlo.

En alguna ocasión, aunque haya habido vencedores y vencidos, la contienda acaba en armisticio, una especie de pacto donde se acuerdan el cese de hostilidades a cambio de determinados compromisos asumidos por ambas partes, pero donde el poderoso impone su ley. Se para la guerra, sí; pero el conflicto entre las partes permanece.

Para que un conflicto se supere, es necesario que las partes se pongan de acuerdo en una postura común. Es decir, que la negociación les lleve a un acuerdo compartido.

Acordar es una palabra vinculada etimológicamente a la indoeuropea *werd-* que significa *corazón*. Curioso, cuanto menos, que el acuerdo deba ser el resultado de aplicar lo que nos dicta el corazón. Sin embargo, si la mente gobernada por el ego está en el origen de todos los conflictos internos y externos que provocamos los seres humanos, no suena tan raro que el acuerdo, la solución, resida en el corazón. Mente y corazón ponen nombre, así, a los grandes centros de decisión en cada uno de los seres humanos.

Un pensamiento generado en el interior del ser humano, trasladado al exterior y compartido por cientos de miles de seres humanos, provoca la reacción de otro grupo de individuos que se opone frontalmente a la idea inicial. De ahí nace el conflicto y es ahí, justamente, donde debemos buscar la solución. De ahí nacerá el consenso.

La Masonería

A pesar de todo, de los innumerables conflictos que generamos, algunos de ellos de terribles consecuencias, muchos son los seres humanos preocupados que se preguntan cómo echar una mano para evitarlos. La Masonería reúne, sin duda, a un buen número de ellos.

¿Puede hacer algo, la Masonería, para evitar los conflictos o, al menos, ¿para intentar resolverlos?

Antes de intentar responder a la pregunta, reconozcamos primero una realidad: la Masonería no es territorio ajeno al conflicto. Como cualquier organización humana, no se libra de los enfrentamientos provocados por las distintas visiones de sus miembros.

Sí que ofrece, sin embargo, las herramientas necesarias para ir cambiando las cosas. Veamos.

Si en algo están mayoritariamente de acuerdo los masones y las masonas del mundo es que pertenecen a una organización «iniciática", pues todos sus miembros, sin excepción, han tenido que pasar las pruebas de, por lo menos, una iniciación. Para entender su importancia, reproduzco a continuación unos párrafos de la obra «Apreciaciones sobre la Iniciación» del iniciado René Guénon:

> …en todas partes es representada como un «segundo nacimiento» o como una «regeneración»; «segundo nacimiento» porque abre al ser a un mundo distinto a aquel en el que ejerce la actividad de su modalidad corporal…«regeneración» porque así reestablece a este ser en las prerrogativas que eran naturales y normales en las primeras eras de la humanidad, cuando ésta aún no se había alejado de la espiritualidad original…

Suele consistir en un ritual por el que la persona que se está iniciando pasa, simbólicamente, de un estado a otro. Por eso en las iniciaciones suele estar presente una muerte simbólica y luego, un renacimiento también simbólico.

En realidad, la persona que se inicia empieza un viaje, que es el sentido de la palabra «iniciación», un viaje hacia su interior, hacia ese conocido lema que podía leerse en el frontispicio del templo griego de Delfos: «Conócete a ti mismo".

Lo que la enseñanza esotérica que practica la Masonería nos pide, en realidad, es que nos destruyamos a nosotros mismos, o, mejor dicho, eso que creemos que somos: nuestras creencias, ilusiones, vínculos, nuestro modo de entender las cosas, de ser y estar en el mundo a nuestra manera superficial, lo que llamaríamos nuestro ego, y un poco más.

Dice el filósofo británico contemporáneo Peter Kingsley, y están de acuerdo todas las tradiciones, *que el gesto de llegar a ser consciente es en sí mismo un proceso de destrucción, de separación, de aprendizaje de la muerte antes de morir.* Esto se escenifica, aún hoy, en las iniciaciones masónicas: la muerte simbólica en forma de muerte ritual. Y desde luego, tras la muerte simbólica, la resurrección, el regreso a la vida del iniciado, ya convertido en alguien diferente, en un nuevo ser capaz de ser consciente y estar despierto.

Conscientes y despiertos es como vamos a ser capaces de pensar distinto y, por lo tanto, de tomar distintas decisiones. Así es como la Masonería, con sus enseñanzas iniciáticas y su método gradual, puede contribuir a la gestión de los conflictos.

Sin embargo, como denuncia Kingsley con certeras palabras, hemos sacrificado la enseñanza esotérica en la cruz de la racionalidad imaginaria, considerando locos a los maestros espirituales, y convirtiendo a aquellos de la antigüedad que ya transmitían estas enseñanzas en padres de la lógica y la razón, cambiando sus palabras e interpretándoles literalmente. Hemos colocado en el estante de las cosas raras a la enseñanza iniciática, que es algo que debe vivirse porque tiene el poder de transformar la vida de uno y, de hecho, para eso sirve.

La Masonería ofrece las herramientas precisas para afrontar cualquier aspecto vital que concierne al ser humano. Ya sabemos que es duro el oficio de masón. La piedra bruta sobre la que trabaja se resiste a los golpes del mazo y del cincel. Pero los ritos y los símbolos que utiliza, convenientemente trabajados, dan respuesta a los grandes dilemas de la Humanidad.

PATRIMONIO CULTURAL
La memoria dañada
y su preservación

Jayyam M∴M∴

Cuentan que Escipión lloró contemplando las cenizas de lo que había sido Cartago. Tras una guerra larga y cruenta entre romanos y fenicios, las legiones romanas habían arrasado la ciudad y a su población con brutal crueldad. El general enemigo Asdrúbal, tratando de evitar su destino, suplicó una capitulación de última hora que salvase a su familia y a su núcleo más cercano. Su mujer interpretó esa súplica como un acto de cobardía y, en un gesto de increíble desesperación revestida de valentía, mató a sus hijos pequeños delante de los generales romanos y se arrojó con ellos a las llamas antes de sufrir semejante humillación. Decidió arder en el fuego que se había llevado ya a su pueblo.

Como venganza tras el largo conflicto, el Senado de Roma había ordenado matar a todos los varones, convertir en eunucos a los niños menores de 16 años y esclavizarlos junto con todas las mujeres, quemar completamente la ciudad y arrojar sobre ella sal como símbolo de un pueblo sobre el que no volvería a crecer simiente; un pueblo cuya semilla, y con ella su memoria, iba a ser erradicada para siempre del mundo de los vivos. Cuentan que, contemplando los cuerpos ardientes de la familia de su enemigo sobre las ruinas de la ciudad, Escipión lloró, recitó unos versos de *La Illíada*, y le susurró a su lugarteniente: Estas ruinas que hoy son Cartago serán algún día Roma.

Tal vez como una disculpa anticipada por hacer arder la humanidad en la hoguera perpetua de la guerra y en un acto de inusitada lucidez, Escipión contempló por primera vez al enemigo bajo otra luz. Cuando se es capaz de mirar a través de los ojos del enemigo no aparece otra cosa que nosotros mismos. Este fuerte reconocimiento -y tal vez Escipión se acordó de ello en esa ocasión- es el mismo que Aquiles sintió cuando le entregó el cadáver de Héctor a su padre, el viejo Príamo. Tras otra larga guerra, Aquiles había matado a su enemigo y ultrajado su cuerpo, lo había exhibido destrozado colgado de su carro y había recorrido el perímetro de la ciudad con él arrastrando, ante el horror de su familia que contemplaba desde la muralla. Cuando finalmente cedió a las súplicas y entregó a su padre el cadáver de Héctor, encontró al anciano hundido por la pérdida, le tomó las manos y lloró abrazado a sus rodillas. En un acto de reconocimiento ajeno a la guerra que los enemistaba, el padre le acarició el cabello lleno de barro como si pudiese tocar aún el pelo de su hijo; el joven guerrero, padeció en su abrazo el miedo y el dolor del anciano y sintió con fuerza la punzada que su propia muerte causaría a sus padres.

La memoria de Héctor y Aquiles, el sufrimiento de sus padres e hijos, de sus mujeres troyanas esperando en las playas ser convertidas en botín de guerra, ha llegado hasta nosotros porque, en una decisión de profundo cuestionamiento, Homero contó a los griegos la historia del pueblo al que habían masacrado. *La Illíada* es, probablemente, una de las obras más antibelicistas de la historia. Es admirable que la palabra de Homero recorriera de boca en boca de aedos más de doscientos años hasta ser convertida en la memoria escrita de los perdedores. Homero quiso dejar constancia de la dignidad del pueblo vencido y legó a la posteridad los cantos en los que sus vidas rotas por la guerra podían arrojar luz hacia el futuro y hacer reflexionar a los continuadores de la historia, que se perciben a sí mismos siempre como vencedores.

Ni griegos ni romanos inventaron la *damnatio memoriae,* sino que dieron expresión a una práctica cultural que ya cometían pueblos anteriores y que consiste en la destrucción sistemática del recuerdo del enemigo y la aniquilación de sus imágenes y sus restos escritos. Los romanos aportaron a ese concepto la peculiaridad de que el pueblo de Roma, representado en su Senado, decretaba la tiranía de algunos gobernantes y ordenaba la destrucción de su legado por considerarlo pernicioso para el futuro. El problema de la *damnatio memoriae* es que, en función de la orientación y el buen o mal hacer del gobierno, puede ser una herramienta para reescribir la historia al modo de la novela 1984. En nuestro país, este poder para destruir el pasado se ha usado muchas veces con fines torticeros; una de las últimas, se ha cerrado con la restitución de la memoria y el recuerdo en Madrid de los gobernantes democráticos Indalecio Prieto y Francisco Largo Caballero.

Sin símbolos, es imposible pensar la realidad más allá de lo que es: el mundo cobra para los descendientes de los pueblos en conflicto el aspecto de la fría piedra bruta, sin el recuerdo de nada en su interior que guíe nuestro pensamiento o que nos cuestione mostrándonos un tiempo anterior a nosotros mismos. Es difícil saber cuál fue la primera memoria destruida, ¿una lanza rota echada al fuego, un instrumento de hueso quebrado…?

Uno de los primeros casos documentado es la memoria de Akhenatón en el siglo XIV a.C., faraón que se atrevió a cuestionar a los sacerdotes de Amón y sus 2000 dioses locales y a establecer para su imperio un culto común a Atón, al dios solar. Akhenatón salió de la oscuridad de los antiguos templos para contemplar el mundo a la luz de esa divinidad común, de hecho, se representó en relieve al calor del sol con Nefertiti y sus hijos, en una escena de cariño familiar inédita en el arte egipcio, pues un faraón -un dios entre los vivos- jamás podía mostrar afecto. Cuando murió, los sacerdotes recuperaron sus antiguos templos y mandaron una guarnición sobre la ciudad del sol que había construido en Amarna: derribaron sus estatuas, se llevaron cuantas piedras pudieron y destruyeron tablillas e imágenes, arrasando la ciudad para borrar la memoria de la herejía de Amarna. La ironía del destino es que esa destrucción intencionada, al perpetrarse súbita y rápidamente, actuó con menor efectividad que el propio tiempo y la ciudad enterrada fue recuperada por la arqueología en el siglo XX y con ella la memoria de aquel faraón.

La destrucción deliberada de los símbolos con las guerras y con los conflictos armados, esta *damnatio memoriae*, se siguió produciendo en la antigüedad con ejemplos que también han configurado nuestro presente. La entrada de los persas en Atenas en 480 a.C., el saqueo de su ciudad y la destrucción aqueménida de la Acrópolis dejó un vacío cultural e histórico que Pericles vino a llenar tras la guerra, reconstruyendo su ciudad sagrada y levantando las columnas y templos que tenemos en nuestras retinas y que son el ADN cultural de occidente. La memoria que se edificó sobre las ruinas de Atenas olvidó que el símbolo de la primera democracia habían sido dos amantes, Harmodio y Aristogitón, los *tiranicidas,* cuya estatua presidía la antigua acrópolis puesto que habían sacrificado sus vidas para matar al tirano y librar a la ciudad de su yugo. La nueva Atenas que edificó Pericles, tal vez pensada por su conciencia Aspasia, ya no era una ciudad más en el mediterráneo, sino que portaba una nueva luz que debía ser representada en Atenea, una diosa de la guerra que lo era también de la fuerza y la sabiduría, Palas Atenea, el emblema del pueblo de la ciencia y la filosofía.

El esfuerzo constructor del pueblo griego tuvo un enorme calado cultural y se afanó por sistematizar la experiencia humana anterior para disfrutarla en su presente: una de las culminaciones de ese esfuerzo fue la gran biblioteca de Alejandría, creada por Demetrio el Falero imitando el modelo de la biblioteca personal de su maestro Aristóteles, que fue el epígono de aquella Atenas esplendorosa. La biblioteca, junto con el museo que la acompañaba, fueron un hito en la construcción de una humanidad universal a través del saber y la memoria, pues unificó papiros de todas las lenguas y lugares de la tierra conocida. Sin embargo, no quedó exenta de la *damnatio memoriae* pues fue intencionadamente incendiada –luego lo sería en tres ocasiones más– por Julio César en su conquista de la ciudad para acabar con el tiempo anterior a Roma, para matar la memoria de la humanidad anterior, recogida en los más de 40 mil volúmenes que albergaban sus estantes.

La cultura medieval europea fue resultado en buena medida de la pérdida de todo aquel patrimonio tras el final del imperio romano de occidente. El interés por recuperar el pasado podría haber surgido en la ciudad de Atenas, pero la conquista turca cambió la fisionomía de su pueblo en la modernidad y la memoria cambió con ella. El Partenón, por ejemplo, dejó alucinado a Mehmed II, que construyó en su interior la mezquita aljama de Atenas. Los turcos rehicieron la memoria de la ciudad a su modo y, cuando siglos después los británicos tomaron prestados los frisos y las esculturas con las que decidieron que el legado cultural griego continuaba en Londres, no encontraron unas ruinas abandonadas por la incapacidad o el desdén de un pueblo que había olvidado su pasado, sino el resultado de un enorme bombardeo veneciano a finales del siglo XVII que había destruido por completo el Partenón y que había hecho de la ciudad un lugar profundamente insalubre, condición que no abandonó hasta bien entrado el XIX.

Como no pudo ser en Atenas, fue en Roma donde comenzó el movimiento preservador del legado de la antigüedad, al calor del renacimiento y de la toma de conciencia de la distancia histórica, que hizo vislumbrar aquel pasado como un tiempo distinto al que se vivía en ese presente. Una curiosa reinterpretación del retorno renacentista a la sensibilidad clásica llevó al Papa Pío II a promulgar la bula *Cum almam nostra urbem* en 1462 en la que llamaba a proteger su amada ciudad en su dignidad y esplendor, y prohibía la destrucción o el expolio de los monumentos de Roma. Esta política papal continuó durante la modernidad (los Museos Vaticanos son buena prueba de ello), llegando incluso a asumir el papado la responsabilidad sobre el cuidado y conservación de los monumentos tras la Guerra de los 30 años (Edicto Sforza 1646), antes de que lo hiciera el Estado.

El concepto de protección del legado cultural avanzó enormemente con la Ilustración y su afán coleccionista y, sobre todo, dio un vuelco con la Revolución Francesa: la legislación revolucionaria puso por primera vez sobre la mesa *avant la lettre* el concepto de patrimonio cultural. En el París de finales del siglo XVIII surgió la idea de que las ruinas y las antigüedades, además del valor de coleccionista para formar parte de un museo o de una colección privada, eran patrimonio del pueblo y eran importantes por su interés social, para que el pueblo construyese con él la memoria de su pasado y dispusiese de los símbolos adecuados para activar su comprensión cultural del presente. Este afán protector se convertía en el reverso de la práctica común de todas las potencias coloniales: el menosprecio y la destrucción del patrimonio nativo de los pueblos colonizados.

El problema de la *damnatio memoriae* se extiende hasta nuestro presente y explica también importantes episodios de ambas guerras mundiales: ciudades como Reims o Colonia fueron atacadas por su fuerte carga simbólica en la primera guerra mundial. Tras el final del conflicto se redactó la Carta de Atenas (1931), como primer intento de legislar a nivel internacional la preservación y restauración del patrimonio histórico. Estos esfuerzos chocaron frontalmente con el retorno de la destrucción en la Segunda Guerra Mundial, cuyos los ejemplos más terribles fueron Guernika y Dresde. Con la excusa absurda de romper la comunicación en el puente de Rentería, ayudada por la legión Cóndor, la aviación fascista destrozó el emblema del pueblo vasco y a su población, momento inmortalizado en esa bombilla que preside el *Guernika* de Picasso, en esa luz eléctrica que no es ya el sol del conocimiento y la ilustración en occidente, sino el pobre producto de una tecnología -que también lo es de destrucción- recordando que los seres humanos estamos solos con nosotros mismos. Lo mismo ocurrió en Dresde; con la guerra prácticamente terminada, la aviación norteamericana e inglesa arrasaron la joya cultural de Alemania, la «Florencia del Elba» y a su población civil, sin otra finalidad que aniquilar el símbolo cultural de un pueblo derrotado y ya en ruinas, carnicería que ha quedado inmortalizada en la novela *Matadero 5*, de Kurt Vonnegut.

Reunida bajo la antorcha que proféticamente Francia había regalado en forma de estatua a los EEUU, la humanidad trató de acordar en Nueva York unas condiciones de paz permanente que buscasen la unión de los pueblos. La Declaración de los Derechos Humanos, siguiendo aquel viejo principio de la importancia cultural que inventaron los revolucionarios franceses, expresó también que «Toda persona tiene derecho a tomar parte libremente en la vida cultural de la comunidad, a gozar de las artes y a participar en el progreso científico y en los beneficios que de él resulten» (art. 32). Se estaba recogiendo aquí el espíritu de la UNESCO, fundada en 1945 para impulsar una humanidad unida por la educación, la ciencia y la cultura.

Este enfoque necesitaba de una preservación patrimonial que fue legislándose como parte de la sutura a la terrible herida de las guerras mundiales. El primer paso fue la Convención de la Haya para la protección de los bienes culturales en caso de conflicto armado (1954), que incluía la prohibición expresa del expolio patrimonial, pues aprovechando interesadamente la guerra, grandes familias se incautaban de cuadros y obras de arte, como ocurrió en la Alemania nazi con la familia Thyssen, cuyo último capítulo se ha cerrado judicialmente con la familia judía Cassirer este mismo 2024.

La acción legislativa de la Convención de la Haya fue continuada desde el mundo de la arquitectura en 1964 con la Carta de Venecia o Carta Internacional para la conservación y restauración de monumentos, en la que aparece formulada por primera vez la expresión patrimonio de la humanidad, asociada a toda obra que va cargada con un «mensaje espiritual del pasado». Quizá llame la atención ese término, «espiritual» pues la protección del patrimonio debería ser rigurosamente laica; sin embargo, tal vez alude al conflicto que la orientación fanática de un Estado produce siempre en relación con cualquier símbolo o significado de carácter espiritual ajeno a sus gustos. El fanático (expresión que viene de *fanus* o templo) es quien sólo concibe su propia visión del mundo y trata de aniquilar al otro, sencillamente porque el otro no puede existir: para el fanático no hay más mundo que el suyo, ni más templo, cultura o memoria que la suya.

No puede pasarnos de largo que nuestro país sufrió un caso salvaje de *damnatio memoriae* de corte fanático durante la dictadura franquista al amparo de las leyes y el Tribunal especial de represión del comunismo y de la masonería (1940-1964): organizaciones de gran arraigo en nuestro país como la UGT y el PSOE, la CNT o la masonería (mayoritariamente el Gran Oriente Español) vieron su patrimonio sistemáticamente destruido o expoliado y su memoria borrada. Esta situación se corrigió parcialmente en la democracia con la Ley de Patrimonio histórico de 1986: el patrimonio de la UGT fue relativamente restituido, la CNT recibió una pequeña compensación y la masonería fue la gran olvidada de aquella recuperación, situación que debe ser reparada en un futuro cercano.

En las últimas décadas hemos contemplado un retorno del fanatismo cultural representado en los talibanes que destruyeron los budas de Bamiyan (2001) o el Estado Islámico que arrasó el patrimonio museístico y archivístico de la ciudad de Mosul junto con los restos de las antiguas ciudades de Asiria (Dur Sharrukin, Nínive o Nimrod), del imperio Parto (Hatra) o la que quizá ha supuesto la peor destrucción patrimonial de la historia reciente: los restos de la ciudad romana de Palmira. A esta lamentable lista de patrimonio se añaden las mezquitas de Tombuctú destruidas por Al-Qaeda (2013).

Quien destruye edificios, monumentos, museos, bibliotecas... pretende acabar con la identidad individual y colectiva del enemigo, reducirle al silencio y el olvido. Esta condición sumerge al pueblo que la vive en un estado de esclavitud cultural. Seguimos viviendo la lacra de la guerra y del conflicto armado: las cenizas sobre las que se lloró ayer, son hoy Palestina. Los que defendemos la construcción de una humanidad unida y en paz queremos pensar que los reconocimientos son posibles, que podemos llegar a percibir una luz encendida en el interior de los seres humanos de cualquier época que sufren la guerra, una llama de dignidad y humanidad que puede lucir más que las hogueras en las que se inmolan pueblos enteros y que puede protegernos de la guerra si somos capaces de encontrarla. Pero para hacerlo necesitamos la memoria. Solo cuando la experiencia del pasado convertida en símbolo histórico se preserva, queda el testimonio de una humanidad anterior a nosotros, de un territorio anterior a nuestros estados, de unos dioses anteriores a nuestras propias creencias.

Con la memoria, guiada por una adecuada educación, aparece también la certeza de que el mundo no nos pertenece; la certeza de que la humanidad no puede acabar en nuestro tiempo, pues es más grande y más importante que nosotros mismos. Desde ese punto de vista ninguna región pertenece a un imperio y ninguna tierra ha sido regalada por un dios a su pueblo elegido. La destrucción exige unas cotas de valor, destreza o inteligencia desmoralizantes en relación con el esfuerzo perseverante de crear y preservar, pero debemos seguir intentándolo sin abandonarnos a nacionalismos simplistas o a la complacencia con el oscurantismo fanático e intencionadamente desmemoriado.

Caballo rojo ap. 6:3

Francesc Montoro, 14º

«Si vis pacem, para bellum».
Publio Flavio Vegecio, siglo IV DC

Hace meses que nos golpean las imágenes de muerte, destrucción, sufrimiento y de miles de desplazados en Gaza y en Europa del Este. Unas imágenes cotidianas que nos impulsan a pedir, a gritar con vehemencia en las calles y en los altavoces de las redes la Paz. Porque ¿quién no está de acuerdo en detener la violencia, la destrucción y la muerte de inocentes?

El primer impulso al escribir el presente artículo era hablar de la paz. ¿Cómo no decir ¡basta! y hacer lo necesario para pedir la Paz!? Pero ni millones de voces, ni de corazones, ni de súplicas producen más resultado que una solidaridad pasiva y las muertes no se detienen. Quizás debamos ocuparnos en entender la guerra antes que permanecer como unos voyeurs insensibles al dolor y a los miles de muertos. Tranquilos no estoy proponiendo que toméis el fusil de asalto M4, propongo cerrar el paso a la pasión bélica, ponernos a reflexionar juntos acerca de por qué y cómo se desata la guerra.

La guerra. Tendemos a pensarla como un conflicto ordenado entre estados, pero la guerra es mucho más antigua que los estados, que la diplomacia y que la estrategia militar por milenios. La guerra de hecho es tan antigua como el ser humano y arraiga en el instinto y el orgullo dejando poco espacio a la razón. La guerra tiene múltiples formatos. Se han hecho guerras para mostrar el valor de los guerreros en un intento de otorgarle dignidad. La guerra está dominada por emociones narcisistas como la patria, la fe religiosa y el honor, anulando la capacidad de pensamiento individual, la medida, el equilibrio, el respeto humano y el valor de la vida. ¿Recuerdan la imprescindible película *Paths of Glory* de Kubrick? Y, sin embargo, ¿alguien está de acuerdo o puede rebatir que la guerra ha construido los estados donde vivimos, que sus instituciones y la legislación que las ampara son también producto de los conflictos bélicos, incluido los más sanguinarios como la guerra contra el nazismo? ¿Es Europa y sus principios y valores un ejemplo palpable de la construcción de estados y naciones?

Si, los hechos nos indican que es necesario pensar en la guerra porque el pacifismo queda relegado a un ideal de fácil adhesión y el uso legal de las armas (a priori, bajo un código de justicia y convenciones militares integrado en un corpus de leyes humanitarias) es aceptado por casi todo el mundo por necesidades prácticas de defensa del orden. Un uso de la fuerza que se presenta en nuestra vida cotidiana por los cuerpos policiales y que sigue en vía militar por todo el mundo.

La guerra se define por una lógica de imponer por la fuerza una reivindicación de derecho, de posesión de un bien o de un territorio por encima de un adversario. Pero ¿dónde se encuentra el orden o la razón necesaria para superar el caos de librar una guerra sin motivo? El criterio del uso de la fuerza en legítima defensa radica en la formulación cristiana de Agustín de Hipona (hemos sido educados en los principios judeocristianos, ¿recuerdan?). San Agustín dice que toda guerra es malévola por sé y que atacar y saquear a otros es injusto, pero defiende las «guerras justas» y dice: «el orden natural conformado para que los mortales tengan paz, reclama que la autoridad y la decisión de emprender una guerra recae en el príncipe, y los soldados tienen el deber de cumplir las órdenes de guerra en beneficio de la paz». Es decir, existe un «orden natural», que nace de Dios y un rey investido para reinar en la gracia de Dios. Pero este pensamiento de un rey por designación divina, también lo reconoceremos en la tradición judía de David, de Egipto o en el pensamiento aristotélico y platónico que pone al día a San Agustín en el primer cristianismo bajo una idea de reino teocrático, rey por la gracia de Dios. La novedad de San Agustín es pedir la paz estableciendo el principio de no agresión bajo el paraguas de guerra justa, de justificación en todo caso por la propia defensa. Un planteamiento en el que después abundará Santo Tomás de Aquino en el Deuteronomio.

Hobbes y Kant llegan más tarde a teorizar que la paz no es el estado natural del hombre. Para Hobbes el hombre es un lobo por el hombre. Kant, a pesar de desear la paz formulando en su ensayo de 1795 «Hacia la paz perpetua» una serie de propuestas de derecho y orden moral que la hagan asequible reconoce que: «...el estado de paz entre hombres que viven juntos no es un estado natural, es más bien un estado de guerra en el que las hostilidades no se han declarado y están en un estado de constante amenaza de que se declaren...».

Carl von Clausewitz, militar prusiano y destacadísimo historiador y teórico militar ochocentista, establece en su obra «De la Guerra» que: «la guerra es la continuación de la política por otros medios». Una forma de entender y justificar la guerra que arraigará en el pensamiento de los países avanzados de Europa y que a principios del siglo XX será determinante para que los conflictos políticos derivados del imperialismo encuentren motivo suficiente para justificar el terrible conflicto bélico de la Primera Guerra Mundial. Una guerra que hoy, aunque nos parezca inverosímil, fue masivamente celebrada en su inicio por las personas en los países europeos que la declararon. No se puede decir que el concepto de «guerra como continuación de la política» de Clausewitz fuese innovador dado que, en el siglo XIV, el reconocido padre de la ciencia política, Nicolas Maquiavelo formula en su ensayo: «Dell arte de la Guerra» la misma idea. Maquiavelo retoma la concepción del príncipe agustiniano diciendo: «Un príncipe no debe tener otro objeto, pensamiento, ni cultivar otro arte que la guerra, el orden y la disciplina de los ejercidos, porque es el único que se espera ver ejercer por lo que manda». La guerra por Maquiavelo y Clausewitz abandona y supera el requisito moral y/o ético de guerra justa. La guerra forma parte de la política y por tanto es inseparable la una de la otra. La guerra se reconoce como una pieza más del ejercicio del poder de los reyes y gobernantes y una vez que es independiente del principio de justicia defensiva, es posible o justificada por razón práctica del poder.

El paradigma histórico más destacado de la guerra ideológica librada por el gobernante lo encontramos en el Holocausto de la Segunda Guerra Mundial. El ascenso del nazismo en Alemania es principalmente producto del resentimiento por las sanciones impuestas en el Tratado de Versalles de 1919 y la crisis de 1929, pero se sustenta ideológicamente en una conciencia supremacista inspirada en el super hombre de Nietzsche y Heidegger. Es necesaria una guerra con un exterminio planificado de los débiles y seres inferiores a la raza aria, aniquilando a los judíos, prosiguiendo con los cristianos como representantes de la Roma edificada sobre los escombros decadentes de Occidente, para llegar a una nueva era dominada por una raza de varones superiores por voluntad de poder. Recordemos, por ejemplo, los horripilantes SS Einsatzgruppen en la matanza de Babi Yar, un barranco en las inmediaciones de Kiiv, donde entre el 29 y el 30 de septiembre de 1941 asesinaron a alrededor de 120.000 personas, cerca de 35.000 judíos, el resto gitanos, comunistas, partisanos o nacionalistas ucranianos.

Debemos también echar una mirada a la guerra irregular por insurrección que suele iniciarse en guerra de guerrillas y en muchos casos preceden a los levantamientos revolucionarios. Recordemos, por ejemplo, las revoluciones armadas bolcheviques o la revolución islámica de Irán de 1979, nutridas de la idea de alzarse en armas en favor de una patria, de una sola etnia o de una identidad religiosa/cultural. La guerra de guerrillas es una forma de guerra empleada desde la antigüedad que como veremos sigue muy presente en múltiples conflictos bélicos actuales. Los guerreros irregulares, en una mirada ortodoxa, los forman grupos paramilitares y civiles armados que, siendo conscientes de su inferioridad y precaria capacidad de lucha frente al enemigo, practican una guerra de desgaste. Los ataques son a pequeña escala en incursiones o sabotajes en puntos clave de comunicaciones, saqueos de suministros, asesinatos seleccionados, etc. Podemos encontrar documentada esta forma de guerra desde los lusitanos contra las fuerzas romanas, en la resistencia española y cosaca contra el ejército napoleónico, los boers en Sudáfrica, el IRA, así como los partisanos yugoslavos e italianos en la segunda Guerra Mundial, llegando al Daesh y el ISIS. En la guerra de guerrillas se dan acciones que pretenden hacer todo el daño posible al enemigo incluyendo objetivos civiles y personas ajenas al propio conflicto y se caracterizan por los frecuentes actos de pillaje, abuso, ejecuciones y muertes indiscriminadas. También empleados por fuerzas especiales que funcionan como complemento de las acciones de los ejércitos regulares donde el principio agustiniano de guerra justa desaparece en el beneficio propio, abusos y pillaje de las milicias o mercenarios que no contiene otro objetivo que contentar o pagar los servicios prestados a los guerreros que contribuyen al desgaste del enemigo. En el mundo de las democracias occidentales con libertad de prensa y de expresión, cuando las fuerzas militares cometen actos similares de destrucción de servicios hospitalarios, destrucción de comida por la población civil o de criaturas inocentes, se utiliza el vergonzoso eufemismo de «daños colaterales». Tampoco podemos olvidar la extendida práctica de realizar envío de recursos militares de armas y fuerzas de apoyo a grupos rebeldes, insurgentes y de diversa condición.

El programa de Datos sobre Conflictos de la Universidad de Uppsala (UCDP) hace recuento desde los años 70 de los fallecidos en conflictos bélicos en todo el mundo. Un recuento que incluye datos sobre todos los conflictos armados en el mundo, emitiendo un informe histórico anual de referencia en el que constan las partes en conflicto, las dinámicas y resolución del conflicto cuando éste se da. En el informe del año 2023 se constató que durante el año 2022 se produjeron más de 238.000 muertes directas de conflictos armados, un 97% más que en el año 2021, a los que debería añadirse todos los fallecidos civiles y los refugiados de los conflictos. Para que nos hagamos una idea de la magnitud pondremos un símil de contexto cercano. Los historiadores sitúan en unas 200.000 a las personas fallecidas en el frente de la guerra civil española, alrededor de 700.000 la suma total de muertes militares y civiles y unos 250.000 el número de refugiados y exiliados. El informe del UCDP del año 2024 no será mejor que el del pasado año, muy posiblemente continuará el aumento como el propio programa del UCDP señala en el histórico de los informes emitidos desde el inicio del año 2000, donde se constata un aumento sostenido del 400% hasta la fecha actual.

Para ser conscientes del escenario bélico que vive el mundo actual, hagamos una mirada a todos los conflictos activos en pleno siglo XXI. Colombia, insurrección contra el gobierno desde 1960, con la participación de Perú desde 1978, 450.000 muertes. Paraguay, guerra contra la insurgencia marxista y el narcotráfico, desde 2005, 2.000 muertes. Perú, desde 2001, contra la insurgencia narcoterrorista de Sendero Luminoso y Tupac Amaru, 2.800 muertes. México, guerra contra el narco, desde 2006, 600.000 muertes. El Salvador, desde 2022, contra las pandillas organizadas, con estado de excepción incluido por la actuación de las fuerzas armadas y un número indeterminado de muertes. Somalia, guerra civil, desde 1987, 7.000 muertos y 400.000 refugiados. Egipto, desde 2011, contra la insurgencia islámica del Sinaí, en torno a 4.000 muertos. Insurgencia del Magreb (Argelia, Chad, Marruecos, Malí, Mauritania, Libia, Túnez y Níger), desde 2002, 7.000 muertes. Siria, guerra civil, desde 2011, con 390.000 muertes. Yemen, guerra civil, desde 2014, 60.000 muertes. Israel y Hamás en Palestina, desde 2023, 8.000 muertos, 420.000 desplazados. Malí, guerra civil, desde 2012, 374.000 muertes. Mozambique, desde 2017, contra la insurgencia islamista, 6.000 muertes y 900.000 desplazados. República Centroafricana, guerra civil, desde 2012, 139.000 muertes. Sudán, guerra civil, desde 2013, 400.000 muertes. El Congo, guerra del Kivu, un conflicto bélico desde 1996, por extensión de la guerra hutu-tutsi de 1994 al este del gigante del centro de África y que por la atomización de las partes hace difícil hacer un recuento fiable, pero, pese a las dificultades, las fuentes periodísticas estiman que hay más de 5 millones de muertos. Macedonia, desde 2001, número indeterminado de muertes. Alto Karabaj, desde 1988, 38.800 muertes. Ucrania, desde 2022, 200.000 muertes. Insurgencia maoísta naxalita en la India, desde 1967, 14.000 muertes. Birmania, desde 2021, guerra civil, 37.000 muertes. Filipinas interna desde 1969, 200.000 muertes. La observación de los conflictos activos y cifras de muertes nos estremece y la invisibilidad a nuestros ojos y a la de los medios de comunicación de masas es absolutamente vergonzoso, sin olvidar toda la inadmisible estupidez insustancial y frivolidades sin descanso del ejército de influencers, tik-tokers y youtubers como verdaderos devoradores de tiempo y embrutecedores del pensamiento de las personas (jóvenes principalmente), atrayendo la mirada en cuestiones que no superan el interés que se puede tener por el pedo de un asno. O los cutres especuladores de opinión vomitando palabrería barata y pestilente nivel cuñado en las redes.

La acción militar sin un principio defensivo pierde la consideración de guerra justa porque atendiendo a todos los conflictos bélicos activos mencionados, éstos caben en los supuestos de guerras de carácter preventivo, por apropiación de territorios, por razones ideológicas y culturales (religiosas o étnicas) y la guerra de guerrillas definida por Maquiavelo o Clausewitz de continuación de la política. Luego, si la acción política puede justificar cualquier conflicto bélico, es evidente que reside en la política la respuesta a la reducción de la guerra, la destrucción y la muerte de inocentes que nos agobia.

Es muy posible que el objetivo de paz mundial sea un sueño ingenuo y utópico al que no contribuye el catastrófico escenario presente. Fíjense en las distopías literarias y cinematográficas de ciencia ficción pasadas y actuales en las que no se propone un futuro mejor. Pero los hijos de la viuda faltaríamos a nuestro compromiso de unir lo disperso si renunciamos a toda esperanza de fraternidad universal, de cadena de unión por completar. El 30 de enero se celebró el día escolar de la paz y la no violencia, fecha en la que fue asesinado en 1948 en Mahatma Gandhi, autor de la célebre frase: «No hay un camino por la paz, la paz es el camino». En la misma línea, en 1981 la resolución 36/67 de la Asamblea General de Naciones Unidas declaró el 21 de septiembre como el Día Internacional de la Paz, para conmemorar y fortalecer los ideales de paz.

Volviendo al inicio de situar la guerra en el centro de nuestra reflexión, es necesario ocuparnos en las propuestas y acciones políticas que resuelvan los conflictos que obviamente seguirán existiendo. La no violencia propugnada por el pacifismo tiende a olvidar la existencia del conflicto y éste si no se resuelve o se ignora conduce inevitablemente a la violencia.

Sería insolente y desvergonzado, por mi parte, proponer soluciones a la guerra, primero porque nadie puede pensar que posee una verdad revelada, ¡¡...cuidémonos de los príncipes de designación divina!!! Y principalmente porque el camino de la paz no es prepararnos para la guerra como dijo Publio Flavio Vegecio. El camino es ponerse en la resolución del conflicto mediante el diálogo y las políticas necesarias sostenidas sobre el valor del respeto por la vida y las libertades fundamentales, para la eliminación del saqueo de los recursos naturales en favor de una gestión responsable, por la explotación de personas incluida la eliminación del tráfico de seres humanos, por la promoción de la igualdad y las garantías del derecho a la justicia nacional e internacional, por la reducción de las corrientes financieras y de armas ilícitas, de reducción de la corrupción, de creación de instituciones eficaces, responsables y transparentes, de ayuda a las personas y a los países en vías de desarrollo, de creación y aplicación de leyes y políticas no discriminatorias ni xenófobas. En este sentido, cabe señalar que muchas herramientas de ayuda por la paz existen actualmente, como, por ejemplo, los organismos internacionales como el Consejo de Seguridad de Naciones Unidas, la Asamblea General y la Corte Internacional de Justicia que nacieron como respuesta a la devastación y los millones de muertes producto de la Segunda Guerra Mundial en 1945. Dirán, con razón, que su eficacia ha sido reducida, pero es evidente que uno de los caminos en el que es necesario profundizar sería en el aumento de las capacidades de estos organismos para intervenir en los conflictos y mantener la paz, dotándolos de las herramientas necesarias en la lucha contra el terrorismo y en un sincero y comprobable acuerdo de desarme de las armas nucleares y de destrucción masiva.

La guerra normalizada

Juan Alberdi, 18º

Resumen

La guerra es, de por sí, un estado social extraordinario, un mundo al revés. Las normas reguladoras del individuo y la sociedad se transmutan en sus opuestos. Céline[1], un notorio antisemita, relata sobre su impresión del frente en la 1ª Guerra Mundial: «Me veía cogido en aquella huida en masa, hacia el asesinato en común...». Eso de dispararnos, así, sin vernos siquiera, ¡no estaba prohibido!». La guerra, por eso, nunca es un objetivo en sí misma; todas las guerras se inician para terminarlas, eventualmente para terminar con la *guerra.*

Tras la 2ª Guerra Mundial, el mundo, representado por las potencias vencedoras, pretendió, si no erradicar, dificultar al máximo la repetición de semejante devastación. El medio era la creación de un nuevo orden internacional, legal, comercial, económico, que estableciera un marco previsible para la salvaguarda de los intereses nacionales de cada estado y, al mismo tiempo, los intereses comunes a todos ellos. La tesis de este artículo es que ese marco internacional se está desmoronando, a ojos vista, y que una de las consecuencias de ese derrumbe, que no permite vislumbrar hoy un nuevo orden, es la reapari-

---

[1] Céline (1983).

ción de la guerra como una opción política más, una renaturalización de la misma.

El contexto

Como la historia no es una ciencia exacta, no podemos determinar el momento exacto de las crisis y sus causas. La historiografía coincide en que, en realidad, solo manufacturamos relatos, diversos y cambiantes, en que proyectamos al pasado las preguntas que hoy nos acucian, pero que no interesaban antes. Seleccionamos, en suma, de ese pasado hechos que nos permiten contestar cuestiones que hoy nos parecen relevantes. En el futuro importarán otros temas distintos y existirán otras narrativas sobre el mismo pasado, más completas.

Lo anterior explica por qué es inútil buscar el momento en que se torció el Perú, parafraseando a Vargas Llosa, y más que de motivos, resulta conveniente aludir a contextos en el que una multitud de causas actúan y se retroalimentan entre sí. De igual manera es una futilidad buscar un *inicio* a la crisis y al cambio de época. Blumenberg[2] subraya que las diferentes épocas (la Edad Media, el Renacimiento) son convenciones en un continuum en que no es posible dibujar momentos de ruptura, aparte del hecho de que estas divisiones se crean por generaciones futuras. El hombre medieval, o el renacentista, no sabían, desde luego, que vivían en semejantes eras.

Teniendo en cuenta lo anterior, *elijo* una fecha para mi narrativa, aunque sea discutible y existiendo otras muchas igualmente relevantes. Solo como boya en el mar, por tanto, esto *comenzó* en 2008, con la crisis financiera mundial.

Por supuesto, actuaban ya potentes motores. El paso de una economía analógica a otra digital, la correlativa aparición de una nueva hegemonía tecnológica, la globalización y el incremento de la interdependencia, la financiarización mundial, el atentado de las Torres Gemelas, la segunda guerra del Congo (tres millones de muertos) o la invasión de Iraq y Afganistán, por citar solo unas pocas. Pero es a partir, a mi juicio, de la Gran Crisis de 2008, cuando se manifiesta de forma más evidente el inicio de un proceso de resquebrajamiento del orden mundial y la subsiguiente adopción de la guerra como una fatalidad inevitable o, en el peor de los casos, como una opción legítima, *natural,* más.

Tras el 2008

En 1945, Estados Unidos aportaba cerca del 50% del PIB y la capacidad industrial del mundo. Su balanza comercial era extraordinariamente superavitaria. Todavía en el 2008, producía cerca de un 28% del PIB, y sumando a Europa, Japón y Corea del sur, Canadá y Australia, *Occidente* representaba más de la mitad de la economía global. Entonces, por primera vez en la historia, una crisis financiera tremenda, existencial, afectó al bloque hegemónico, algo que hasta entonces era recurrente en *otros* estados, que sin embargo no la sufrieron esta vez. La principal proveedora de fondos para un rescate exprés (y camuflado) fue China.

No era *culpa* de fuerzas externas. Los países más desarrollados habían trasladado su producción a países emergentes en aras de mayores rentabilidades, se habían endeudado enormemente importando mucho más de lo que exportaban (con excepciones, como Alemania o Japón) y, viviendo del crédito, recibían una enorme cantidad de dólares y otras divisas fuertes que, necesitando ser invertidas, dieron lugar a uno de los fenómenos especulativos más graves de la historia.

Los niveles de malestar social alcanzaron niveles preocupantes que, de no haberse revertido, hubieran amenazado el orden social. Para evitarlo, la solución consistió en la impresión masiva de masa monetaria para sostener el valor de los activos financieros y reales, aun y sabiendo que a, medio plazo, eso exacerbaría otros males, singularmente la desigualdad económica *dentro* de cada propio país. Fue una decisión ponderada, en el sentido de consciente. Dicho de otra manera, inflar el precio de los activos financieros mediante la política de tipos cero, el incremento de la deuda pública y la exterior, beneficiaba superlativamente a los tenedores de tales activos, un pequeño porcentaje de la población, pero no eliminaba ninguna de las causas profundas del malestar que aquejaban a la gran mayoría. Por el contrario, las agravaba.

El desasosiego de nuestro tiempo

En la década 2010-2020, se asienta y cristaliza ese gran malestar, como lo acreditan todas las mediciones sociológicas. Con muchas causas y gran variedad de grupos, se concentra en la llamada clase media, que vive el terror pánico al *desclasamiento.*

Sigo en estas líneas a Daniel Markovits[2], que sintetiza ese malestar. Según dice, la clase media ha visto multiplicar su diferencia de riqueza con la clase alta mientras se ha reducido la distancia que la separaba de la clase baja (que en casi todas las sociedades desarrolladas supera de largo el 50% de la población).

Los ricos, el primer 10% o decil[3], se han enriquecido enormemente, la clase media (un 30-40% siguiente) se ha estancado en términos de riqueza y niveles salariales, y la clase baja ha mejorado gracias a la recuperación del empleo y la política de subsidios, de la que está excluida la clase media por niveles de renta. La clase media ha sido el grupo social más afectado por la desaparición de niveles intermedios de empleo (en los que el proceso de tecnificación revierte muy desproporcionadamente a los más cualificados, menos del 1% de la masa laboral) y está aterrorizada por si cae en el *magma* del trabajo informal, sin protección social, remunerada por pieza/servicio facturado (como en la época preindustrial), sin *los valores de autodisciplina y constancia* que han caracterizado, y distinguido su-

---

[2] Markovits (2019).

[3] Las diferencias entre el grupo de los ricos siguen una escala logarítimica. El 0.001% posee más riqueza que toda la cohorte. El 10% de los beneficios del S&P 500 acrece a menos de 2.000 directivos.

puestamente, a esta clase media. No es de extrañar que la tasa de suicidios, adicciones letales y violencia intrafamiliar se haya disparado, precisamente, en este grupo social.

La solución a nuestros males

La alternancia democrática exige crear relatos *convincentes* para ganar el favor de los electores, pero no su coherencia ni su razonabilidad. Tomada la primera decisión-unánime- de salvar el orden social, la clase política de los países desarrollados se lanzó a convencer a los electores de que ellos tenían la solución para resolver la *malaise* social. Debe tenerse en cuenta que la edad media de los votantes ha aumentado significativamente (por el notorio envejecimiento demográfico) y que la clase media, como la de mayor edad, vota en mucha mayor proporción que la clase baja y los jóvenes[4].

Una de las primeras propuestas consistió en las llamadas *guerras culturales,* referidas al *enemigo* interior. Fuera el homosexual, que quería un matrimonio en igualdad de condiciones, la corrección política (o el impulso ético de no reiterar tópicos prejuiciados discriminatorios que causan sufrimiento ajeno al denigrar), el perroflauta (pobre con vicio de protestar) o la casta política (los representantes como una especie dañina per se), los populismos de toda laya encontraron una mina explotable.

Pero luego vino la gran propuesta: el enemigo *exterior* era el verdadero responsable. Recientemente, el periódico *El País* publicaba una entrevista a un sociólogo holandés[5] en el que se citaba que, para los españoles, la inmigración constituía el principal problema del estado, según la última encuesta del CIS. Una preocupación, o fantasma, compartida por otras so-

---

[4] Las campañas electorales de la derecha tratan, universalmente, de no movilizar a todo el electorado. Solo recientemente, algunas fuerzas de ultraderecha se benefician de una mayor participación.

[5] https://elpais.com/espana/2024-09-29/hein-de-haas-sociologo-no-hay-voluntad-politica-para-frenar-la-inmigracion-clandestina-porque-significaria-ir-a-la-quiebra-manana.html

ciedades desarrolladas. El meteco, ilota, el *Otro*[6] , en suma, se convierte en chivo expiatorio porque nos roba, es criminal, no comparte nuestros valores y, ante todo, como pobre, molesta en exceso, aunque su aportación económica neta sea positiva[7]. Era cuestión de tiempo proponer a la ciudadanía que no solo los inmigrantes eran un cuerpo extraño ajeno y *enemigo* de la sangre y la tierra, sino que sus países eran *comunidades* enemigas, aviesas y perjudiciales. El chivo expiatorio cumple muchas funciones, entre otras la de renovar y refundar un orden social caduco[8].

El útil discurso emocional

Las redes sociales pueden ser valoradas de muchas maneras, sin duda. Pero una de sus consecuencias es que tienden a crear verdaderas comunidades emocionales, sin rito ordenador[9], anómicas, que satisfacen descargas de sentimientos de forma anónima. Son el opuesto de las comunidades transversales que tratan de unir lo diferente; se basan en la segregación y buscan una egrégora negativa. Con el subjetivismo como principio legitimador, desaparece la reflexión, la autoridad del que, con criterio y cualificación, *responsablemente*, emite una opinión. En ellas, se valora ante todo estar *transportado* por un mismo sentimiento, no muy diferente a una afición deportiva o cualquier otra bandería o facción: la indignación de cada día.

La clase política internacional, y no solo de los países con democracias liberales, ha tomado buena nota. Se percataron de que no importan los hechos sino la percepción sobre ellos y las emociones que suscitan. El referéndum diario que para Renan era la *nación* (una idea académicamente desechada) se ha con-

---

[6] SAPOLSKY (2020), sobre la condición biológica humana, muy sensible a la dinámica del Nosotros/Ellos.
[7] Algo que está fuera de duda y que recalcaba Hein de Haas en la entrevista referenciada. La emigración de población activa es una pérdida y una ganancia correlativa para países emisores y receptores.
[8] Girard (2016).
[9] Byung Chul Han (2020).

vertido, para una clase política irresponsable, en el gobierno sin planificación ni vistas al medio y largo plazo, atentos al relato diario de ruido y furia, en el que solo importa una décima diaria más en la valoración de la actuación gubernamental. La abdicación del gobernante, que es verdadera *autoridad,* ante no ya una opinión pública sino una masa canettiana[10], permite abstenerse de responder a los verdaderos problemas de nuestras sociedades, como el envejecimiento demográfico, la desigualdad económica, la mengua del factor trabajo y la retribución excesiva del capital, la distribución justa de las cargas fiscales, la decrepitud de los servicios públicos o la mitigación del cambio climático, por citar unos pocos retos que, requiriendo actuaciones inmediatas, son los verdaderas causantes del generalizado malestar social.

Los primeros pasos

El chivo expiatorio como coartada de nuestros males se demoniza como defensa de nuestro marco axiológico (reiterando viejos tópicos de Ejes del Mal y un relato angélico sobre las guerras, especialmente de la 2ª G.M.), del choque de civilizaciones (ignorando que el nivel de estatus socioeconómico es el mayor factor explicativo del conjunto de creencias de individuos y países[11]), del robo tecnológico, del espionaje a gran escala[12]. Se procede al embargo de exportación de tecnología (y hasta se impone a empresas de países aliados) y la importación de productos o servicios de países considerados enemigos (caso de los vehículos eléctricos fabricados allí, incluso en terceros estados si su matriz es nacional de ese estado enemigo) Recientemente, se están discutiendo leyes para prohibir productos de consumo masivo con software enemigo, al igual que medica-

---

[10] Canetti (2002).

[11] HENRICH (2020) sostiene lo contrario, pero no parece una posición mayoritaria.

[12] Italia prohíbe el ejercicio de derechos de voto en Pirelli al accionista chino Sinochem porque los neumáticos se podrían usar para insertar dispositivos de espionaje: https://www.ft.com/content/d69554c0-0252-4ef1-81a4-c3699ead4a54

mentos fabricados en el propio país por compañías enemigas por razón de su nacionalidad[13].

La guerra económica y comercial se practica, por supuesto, en violación de las normas reguladoras del orden económico internacional. Contribuyen no ya a su erosión sino a un efecto expansivo en otras áreas. La interdependencia económica, el comercio entre diferentes para recíproca ventaja y utilidad[14] se convierte en anatema y se arguye el caso de la pandemia del Covid o la dependencia de Alemania del gas, olvidando las experiencias de la historia y proponiendo una segmentación del mundo en *esferas de influencia enemigas.*

En palabras de un reputado economista, Arthur Laffer, cercano al candidato presidencial republicano: «Necesitas comerciar, especialmente con tus enemigos. No estoy diciendo que vendamos bombas nucleares a Corea del Norte. Pero necesitas comerciar para que la gente se hable, así se conocen, tú les compras, ellos te compran. Todo este asunto de sanciones y amenazas de tarifas no es la vía correcta. <u>Ese es el camino de garantizarte una Tercera Guerra Mundial</u> (subrayado mío).»[15]

De las guerras culturales y económicas a la Guerra Fría

Durante la presidencia Biden, China ha sido declarada oficialmente *país extranjero adversario,* culminando así la declaración oficial de una Segunda Guerra Fría. Resulta paradójico que el antiguo aliado contra la URSS, tras la visita de Nixon a Beijing de 1972, trabajada por H. Kissinger, sea ahora el nuevo leviatán a batir[16].

---

[13] https://www.ft.com/content/a04ec57d-38ba-4e1f-8e28-d4c76081900b
https://www.ft.com/content/540412cb-7273-4ae4-a890-9d432db8e0be
[14] Una de las pocas verdades de esa ciencia desmayada que es la economía es esta afirmación, ya demostrada por David Ricardo, un economista del siglo XIX.
[15] https://www.ft.com/content/f5f60203-176b-4fd8-baa1-03f27afa3482
[16] KISSINGER (2011). Su fina percepción se aleja de los tópicos, en especial sobre la historia de China.

Esta nueva confrontación difiere sustancialmente, sin embargo, de la Primera Guerra Fría. En la actualidad, Estados Unidos tiene *solo* un 30% más de PIB que China, una distancia muy inferior a la abismal que existía entre el bloque del mundo libre y el soviético. Y eso si se adopta como unidad de medida el PIB, que tiene en cuenta la valoración relativa de las respectivas divisas. Si se usa la medición proporcionada por la paridad de poder de compra[17], China superó a Estados Unidos en 2015 y tiene ya una capacidad un 40% superior (y aumentando). Como fuera, hoy China representa entre el 35-40% de la capacidad industrial mundial, frente a un 20% de la americana y es el primer socio comercial de la gran mayoría de los países del mundo, exportando más que el segundo y tercer país juntos (EE.UU. y Alemania).

Se añade el hecho de que, en la Primera Guerra Fría, el *Otro enemigo* no era el principal ingrediente de la respuesta de unidad nacional, sino la ideología. Los líderes americanos entonces construyeron el consenso sobre el hecho de que el capitalismo y la sociedad burguesa proporcionaban bienes y servicios adecuados, libertad y un alto nivel de vida. De ahí el irónico desdén de que, si no te gustaban los Estados Unidos, siempre podías «volver a Rusia». Hoy, el capitalismo sigue siendo el sistema que proporciona bienes, pero en su gran mayoría proceden de China.

Las alianzas ofensivas y el gatillo del socio menor

La Primera Guerra Mundial ha sido profusamente estudiada como ejemplo clásico de un conflicto que ninguno de los contendientes desea, pero que por el curso lógico de los acontecimientos deriva a un resultado inevitable[18].

---

[17] PPP por sus siglas en inglés, Purchasing Power Parity.
[18] Para una exposición de la tesis más clásica, TUCHMAN (2012), original de 1962.

El análisis anterior se complementaba con una imputación al militarismo germano de la responsabilidad de la guerra. En 2012, un competente historiador australiano, Christopher Clark, ofreció un enfoque diferente[19] tras un exhaustivo examen de las fuentes. La responsabilidad última de la guerra no correspondía al imperialismo alemán o al británico sino al hecho de que Francia y Rusia habían concedido a un aliado menor, Serbia, la posibilidad irrestricta de involucrarlas en cualquier conflicto con Austria-Hungría (a su vez, socia del Imperio Alemán, su verdadero enemigo) Cuando los servicios secretos serbios se involucraron en el magnicidio de Sarajevo (un claro *acto de guerra)*, Francia y Rusia, a su pesar, no tuvieron más remedio que apoyar al socio menor. Inglaterra, no inmersa en tales alianzas, se demoró varios días en sumarse a la guerra y lo hizo como resultado inevitable, esta vez sí, de un árbol de decisiones lógicas.

Lo anterior viene a cuento de la proliferación de alianzas defensivas o la extensión de las existentes en diferentes partes del mundo (Quad, Aukus, expansión de la OTAN al Pacífico, etc.) Surgen, precisamente, en las partes más calientes del globo, la mayor parte de las veces en zonas con territorios deficientemente delimitados (herencia de las potencias coloniales) y en las que todos los países mantienen contenciosos territoriales con todos sus países vecinos[20].

Este grave peligro se acrecienta sensiblemente cuando se piensa en alianzas defensivas (ofensivas de facto) como la que une a un país aislado de Oriente Próximo y la principal potencia del globo y la posibilidad que brinda, muy real, de involucrar al socio principal en una guerra *no deseada* contra uno de los principales productores de crudo del planeta y que dispone de los medios para interrumpir el suministro mundial.

---

[19] Clark (2012).
[20] El ejemplo más claro, aparte de África u Oriente Medio, es el Mar de China donde todos los países de la zona mantienen peligrosos contenciosos con todos los estados limítrofes.

La deslegitimación del orden internacional

La tesis de este artículo es que la normalización de la guerra se ha producido a consecuencia del derrumbe del orden internacional, voluntariamente aceptado por sus firmantes. No quiere decir que el desprestigio de las Naciones Unidas y las organizaciones que de ella dependen, de las organizaciones multilaterales, comenzara a partir de 2008. Viene de muy lejos, fruto de la estasis en su funcionamiento, del mantenimiento y abuso del derecho de veto y la ignorancia rebelde al contenido de las Resoluciones de sus órganos.

Pero recientemente, se ha constatado que el desprecio y el rechazo a las instituciones representativas del orden internacional ha sobrepasado todo lo conocido. No son ya las Resoluciones sino las decisiones de la Corte Internacional de Justicia (CIJ), un órgano de las Naciones Unidas, las que son rechazadas de plano por uno de los estados fundadores[21]. E igualmente se rechaza frontalmente el papel de la Corte Penal Internacional, que persigue individuos y no países como la anterior, cuando su Fiscal propone perseguir a dirigentes por crímenes de guerra y contra la humanidad[22].

El 2 de octubre de este año, el estado de Israel ha declarado *persona non grata* y prohibido la entrada en el país al secretario general de las Naciones Unidas, su máximo representante[23]. Quizá pronto veamos salidas de la misma, como en la anterior Sociedad de las Naciones.

La intensificación de la guerra. Ucrania y Oriente Próximo

Las guerras de los años 90 tuvieron especial cuidado en limitar, o aparentar hacerlo, los daños civiles, como la televisada

---

[21] Estados Unidos, contra la CIJ por investigar un posible, verosímil, delito de genocidio en Gaza.
[22] Putin y su entorno y Netanyahu y el suyo.
[23] https://www.bbc.com/mundo/articles/cglkg2pgwewo

primera guerra de Irak. Si bien las guerras de Yugoslavia ocasionaron matanzas de civiles, al menos, despertaba la indignación mundial (Srebrenica).

Pero, ya en la segunda guerra de Irak, 2003-2006, la mayor parte de las víctimas fueron civiles. Recientes estudios calculan el número total de muertos en ella en 650.000[24].

En los años 2010-2020, las guerras adquieren dos rasgos nuevos. Se eternizan, por una parte (Afganistán, casi dos décadas, Siria lleva 14 años, Yemen, Libia), consecuencia de la coreanización del conflicto y la inacción de las instituciones internacionales y de las grandes potencias (en ocasiones, interesadas en su perpetuación). Y por otra, se opta sin tapujos por una violación abierta de *las leyes* de la guerra, realizando campañas sistemáticas de bombardeos de hospitales y utilizando armas químicas (en los dos casos, en Siria).

En febrero de 2022, Rusia *normaliza* varias acciones insólitas desde la 2ª G.M. Primero, colocando un importante contingente militar en la frontera de un país soberano y amenazando con su utilización en caso de no satisfacerse sus demandas. En segundo lugar, invadiendo efectivamente ese país, mutando unos riesgos más o menos justificados[25] pero hipotéticos por el mal cierto de la guerra. Finalmente, haciendo saber que la guerra adquiría para ella un carácter *existencial* y que se prevaldría de su condición de potencia nuclear, explicitando varias veces su disposición a usarlas[26].

En Oriente, Israel sufre una incursión terrorista que se ceba especialmente con su población civil. Desde luego, no sucede

---

[24] Informe de la prestigiosa revista médica The Lancet, teniendo en cuenta las víctimas directas e indirectas.

[25] Por ello es ocioso considerar si Rusia tenía razones e intereses legítimos. La invasión eliminó la Razón.

[26] El anterior primer ministro Medvedev, ha escrito que está dispuesto a un holocausto nuclear «porque no quiere vivir en un mundo en el que no exista Rusia». Parece una paráfrasis de Magda Goebbels.

en un vacío contextual[27]. El mundo reconoce su derecho a la legítima defensa, pero, extralimitándose, su gobierno anuncia que acabará *definitivamente* con la amenaza y creará un *nuevo orden regional* que, explícitamente, supone liquidar no ya la amenaza en Gaza sino también una guerra con otros estados, incluyendo la aniquilación de Irán.

En un año, se causan 42.000 muertos, según las organizaciones humanitarias. Teniendo en cuenta los sepultados entre los escombros y que una parte sustancial de las víctimas se producen a posteriori del fin del conflicto[28], el porcentaje de población victimizada supera el 5%, un nivel similar a las carnicerías en la 2ª G.M. Para valorar la dimensión de la masacre, basta imaginar más de dos millones de muertos en España en un año. Los 36 hospitales de Gaza están destruidos, algo no casual, en una dinámica que atiende mucho más a la ética de los fines (donde residiría la legitimidad) que a la de los medios. A ello se añaden, en igual periodo, cerca de 800 muertos en los Territorios Ocupados, bajo régimen militar desde hace 60 años.

The Big one

Las dimensiones estremecedoras de las guerras de Ucrania y Oriente Próximo resultarían minúsculas en el caso de un conflicto sino-americano. Ambos países han establecido claras líneas rojas, infranqueables sin consecuencias, pero el statu quo está lejos de permanecer asegurado. Al contrario, parece más frágil que nunca.

China la ha fijado en el mantenimiento de la política de *Una sola China*, reconocida por escrito por Estados Unidos[29]. Este a

---

[27] Gaza, poblada por descendientes de refugiados, ha sufrido miles de muertos. En las manifestaciones de 2018-2019 contra el muro que la encierra, murieron cientos de gazatíes y miles resultaron heridos (muchos lisiados) por francotiradores.

[28] Las víctimas indirectas, tantas como las directas, que usan informes como el citado de *The Lancet*.

[29] Y por la antigua Formosa, que se rige por una Constitución de 1946 titulada Constitución de la República de China. En su artículo 2 establece que «La soberanía

su vez, en la no aceptación de la anexión violenta de Taiwán y su promesa de ayuda militar en caso contrario.

La profusión de alianzas en la zona concede sin embargo numerosos gatillos a socios menores en los mares del sureste asiático, siempre relacionados con una multitud de *islas Perejil* y en los que puede llegar a materializarse la tentación, por todas las partes, de escalar el conflicto.

El mayor riesgo reside, con todo, en las dos potencias. Un régimen autoritario como el chino subsiste, según su tradición milenaria, en tanto en cuanto cuente con el apoyo aun tácito de la población a la que provee de progreso económico *(el mandato del cielo).* De no cumplir tal función, existe la tentación de usar la *unificación nacional* como sustitutivo para poder sobrevivir.

Estados Unidos, a su vez, dispone de un fácil y tentador elemento cohesionador para desdecirse del consenso de *Una sola China*[30]. El programa electoral de uno de los candidatos de las próximas elecciones del 5 de noviembre propone restaurar la *Edad de Oro* del país volviendo a hacerlo *grande,* imponiendo una tarifa universal a *toda* importación de *cualquier* país de un 10%, y de un 60% (o lo que haga falta) en el caso de productos fabricados en China o de empresas de *nacionalidad* china. Ello permitiría bajar los impuestos (sobre todo a determinados grupos sociales), volviendo a una estructura fiscal propia del siglo XIX, con apenas impuestos directos. Y doblando tales tarifas a países que no usen el dólar como divisa de reserva y comercial. Una declaración de guerra económica universal en toda regla[31].

El ex primer ministro australiano Rudd, en un libro[32] de hace dos años, confirmaba que Estados Unidos y sus aliados habían decidido impedir a toda costa que China pudiera convertirse

---

de China reside en el conjunto de todos sus habitantes», es decir, los de la isla y los continentales.

[30] Mike Pompeo, antiguo secretario de Estado, así lo ha propuesto públicamente.

[31] https://www.ft.com/content/f5f60203-176b-4fd8-baa1-03f27afa3482

[32] Rudd (2022).

en la primera potencia económica y tecnológica (y por tanto militar), al comprometer su seguridad nacional. Su opinión está cualificada no solo por la experiencia gubernamental. También participa en todos los foros decisorios relevantes y conoce bien la cultura china, cuya lengua domina. En su opinión, se ha producido ya una quiebra de confianza irreversible (que achaca a una *China leninista),* pero advierte de la ausencia de cualquier freno automático que pudiera aplicarse a contenciosos que se pudieran desbordar. En los últimos dos años, no parece que se haya avanzado mucho en la construcción de esos guardarraíles y podemos preguntarnos si las guerras iniciadas en otros lugares contribuyen a incrementar la tensión en esta zona.

Inevitabilidad o agencia

A medida que se debilita el orden internacional establecido, la guerra se hace cada vez más posible. La escuela teórica neorrealista de relaciones internacionales, de raíz maquiavélica y hobbesiana, hoy en día surte de los mejores análisis y prognosis de los conflictos en curso[33], frente a las más colaborativas de las contractualistas, institucionalistas o liberales. Su visión del mundo es la de una jungla en la que cada estado solo aspira a su seguridad y supervivencia en un juego de suma cero. El beneficio de un país vecino se convierte en una amenaza y existe un interés existencial para preservar, a cualquier precio, la posición relativa de poder, incluyendo, sobre todo, la hegemonía[34]. En esta lógica, la preparación para la defensa, las alianzas, se ven como armas ofensivas para el correspondiente enemigo.

Nunca, sin embargo, en la historia de la humanidad, ha habido más áreas de intereses comunes y susceptibles de cooperación. Casi todas las sociedades comparten los mismos pro-

---

[33] En particular, los de John Mearsheimer y Stephen Walt.
[34] La llamada trampa de Tucídides: todo estado prefiere la guerra antes de ceder la hegemonía a un rival.

blemas y las soluciones, adaptadas, por fuerza serán similares. El envejecimiento de la población, la concentración de la riqueza, la desaparición del trabajo acelerada por la robotización y la inteligencia artificial, la mitigación del cambio climático, se enfocarían mucho mejor desde un prisma de problemas comunes.

La confrontación a toda costa se ve favorecida por una clase política mundial que, crecientemente, se desentiende de su responsabilidad para con sus países y con el resto del mundo. En algunos casos, por una necesidad de supervivencia, incluso física. En otras ocasiones, porque resulta mucho más fácil proponer señuelos y molinos de viento como responsables del actual malestar social que gestionar reformas dolorosas.

En junio de este año 2024, la junta general de accionistas de Tesla aprobó un paquete compensatorio para su consejero delegado Musk de más de *56.000 millones de dólares*[35]. *10 millones de veces más* que lo que recibiría uno de sus trabajadores con menor bonus. Hace 40 y 50 años, la diferencia salarial dentro de las compañías no solía superar las 60 veces. Resulta mucho más sencillo proponer que los problemas, ciertos, que nos aquejan son debidos a Otros y no a nuestros propios oligarcas, máxime si se tiene en cuenta de que la clase política de algunos países representa a fracciones minúsculas de la población[36] y, naturalmente, responden a sus intereses.

La guerra, como máxima expresión de la dialéctica del Nosotros/Ellos, se convierte así en una opción imaginable. Hemos avanzado en el camino que la hace más fácil, más normal, que la legitima. El tiempo dirá, pero solo espero que esté en nuestra mano poder oponernos sin que sea demasiado tarde.

---

[35] https://www.ft.com/content/1caa4ad2-2ae5-4edd-9920-45f5e0dc7870

[36] PIKETTY (2019): la fortuna media de los senadores americanos es de 20 millones de $. La de los congresistas, siendo menor, es un múltiplo de la riqueza media de la población. El Tribunal Supremo americano ha sentenciado que la financiación ilimitada de compañías a candidatos deriva del derecho a la libertad de expresión.

Bibliografía

BLUMENBERG, Hans, (2008), *La legitimación de la edad moderna*, Valencia, Pre-Textos.

CANETTI, Elias, (2002), *Masa y poder*, Barcelona, Círculo de Lectores.

CÉLINE, Louis-Ferdinand, (1983), *Viaje al fin de la noche*, Barcelona, Edhasa.

CLARK, Christopher, (2012), *The Sleepwalkers*, Londres, Penguin Books.

GIRARD, René, (2016), *La violencia y lo sagrado*, Barcelona, Anagrama.

HENRICH, Joseph, (2020), *The Weirdest people in the World*, Nueva York, Farrar, Straus and Giroux.

KISSINGER, Henry, (2011), *On China*, Londres, Penguin Press.

MARKOVITS, Daniel, (2019), *The Meritocracy Trap*, Londres, Penguin Press.

PIKETTY, Thomas, (2019), *Capital et idéologie*, París, Seuil.

RUDD, Kevin, *The Avoidable War*, Nueva York, Publicaffairs.

SAPOLSKY, Robert M., (2020), *Behave*, Londres, Penguin Press.

TUCHMAN, Barbara, (2012), *Los cañones de agosto*, Barcelona, RBA.

El panorama mundial desde el punto de vista de los conflictos violentos y las perspectivas de paz

Octavio Carrera, 33º

La paz no es ausencia de guerra

En término de guerras y conflictos violentos nos encontramos ante un escenario internacional complejo, diríase que muy complejo.

Para que nos hagamos una idea, según el Instituto para la economía y la paz, en la actualidad hay 56 conflictos armados activos, la mayor cantidad desde la Segunda Guerra Mundial.

De los 193 países miembro de la ONU hay 92 implicados en conflictos armados fuera de su territorio, y 97 países han sufrido un deterioro del nivel de paz interno.

Un total de 114 millones de personas se han visto obligadas a abandonar sus hogares por catástrofes más o menos naturales, por conflictos violentos o por ambos. Esto según el Alto comisionado de las Naciones Unidas para los refugiados es el nivel más alto desde que se recogen datos sobre esta cuestión, lo que supone una tragedia humana terrible.

En 9 de los últimos 10 años, según el Instituto para la economía y la paz se ha producido un deterioro de los niveles de paz visto desde una escala planetaria.

Desde esta perspectiva es evidente que nos alejamos cada vez más de una situación de paz. La paz se está convirtiendo en un bien escaso.

Esto se ve agravado por el hecho de que se aprecia un deterioro del orden internacional asentado en normas que nació al final de la Segunda Guerra Mundial. Parece que este orden está a punto de colapsar.

El policía mundial, que debería ser la ONU, está en crisis y no es capaz de enfrentar los desafíos que genera esta situación mundial. En este sentido podemos hablar de un policía mundial sobrevenido y que además es impropio.

Estados Unidos que es quien juega este papel y que además detenta el liderazgo mundial pierde fuerza como líder y es incapaz de influir decisivamente sobre sus aliados. Tomemos como ejemplo su incapacidad para controlar a Israel.

Esta situación genera incertidumbre a nivel internacional y por ende más inestabilidad.

A todo lo anterior hay que sumar que la percepción de inseguridad provoca que se busque la seguridad por medio de la militarización. En este sentido los gastos en defensa, si se suman el presupuesto de defensa de todos los países del mundo asciende a 2.44 billones de dólares frente a 49 mil millones de dólares que suman todos los gastos que la ONU dedica a la prevención de los conflictos y la paz. Es evidente que se busca un reforzamiento militar y no hemos aprendido que por esta vía no se puede acabar ni con la crisis climática, ni con la proliferación de armas de destrucción masiva, ni con la disfunción tecnológica, ni con las pandemias ni con los ciclos de migración descontrolados, ni con el terrorismo internacional.

Como decíamos al principio estamos asistiendo al desmoronamiento de un orden internacional asentado en normas. Cuando se rompe la estructura normativa constitutiva de un sistema o institución se produce una situación de conflicto que pone en cuestión la validez de las normas en que se basaban las relaciones.

Cuando esto ocurre o se recurre a la manipulación, al engaño o la violencia, a unas nuevas normas o a buscar nuevas formas de justificación de las normas.

La postura ético-normativa y más específicamente la ético-discursiva, que es la que nos interesa especialmente cuando enjuiciamos la realidad desde el punto de vista masónico, no puede ofrecer soluciones porque la masonería no es una institución política, pero si puede ofrecer criterios desde los que evaluar racionalmente la realidad y la justicia de cualquier solución propuesta a los problemas.

Hablamos de justicia o de solución justa cuando en la solución de un conflicto se cuente con el asentimiento de todos los implicados. En el tema que nos ocupa podemos hablar de paz cuando haya un orden social donde no haya más coacciones que las libremente aceptadas por todos los afectados.

En este sentido haré referencia a la propuesta del filósofo moral VD García Marzá que nos refiere que podemos hablar de tres niveles de realización de una arquitectura práctica de la paz.

El nivel de fundamentación moral donde se exponen y desarrollan los fundamentos practico-racionales de esta arquitectura.

El nivel de sistematización política en el que lo decisivo es interpretar las exigencias propuestas por la ética para convertirlas en un instrumento eficaz para el análisis y la crítica de la actividad social, política y económica. Esto pasa por construir una teoría de la democracia o una teoría de la paz que con arreglo al concepto de justicia al que hemos hecho referencia se definan los principios institucionales y las reglas básicas necesarios para la paz social.

El nivel de concreción institucional. Aquí se da un paso más en el camino que va desde la teoría a la práctica social. Las propuestas teóricas antes formuladas deben llegar aquí a la esfera pública bien como exigencias de la sociedad civil, bien como programas políticos propuestos por partidos políticos o formaciones políticas estatales o supraestatales. En este nivel es donde se decide si se aceptan las propuestas de manera libre y voluntaria por todos los implicados.

UNIVERSALISMO
El camino del escocismo actual

Los Altos Grados del Rito Escoces Antiguo y Aceptado como escuela de pensamiento, un espacio de estudio y reflexión sobre la dimensión humana.

Octavio Carrera, 33°

La masonería: origen o invención

Cualquiera sea la versión de su origen primigenio, la masonería es algo real que existe hoy, no como una reminiscencia de tiempos anteriores, sino que es un fenómeno social real y actual, que se produce y reproduce a sí mismo cada día de su existencia. Esta reflexión es igualmente válida para los Alto grados del REAA y para su predecesor el Rito de Perfección de 25 grados

Es por esta circunstancia que podemos hablar hoy de la masonería y de los altos grados del REAA como algo vivo, vigente y no como algo que conservamos del pasado.

El escocismo en nuestros días hace referencia a una utopía social que se manifiesta en el ideario masónico de progreso y justicia social, y reconoce que este ideario es resultado de un diálogo social. Es más, este ideario es una manifestación del diálogo social.

La orden masónica es una institución antigua, según su tradición, pero esta peculiaridad no se puede sustraer al hecho de que su legitimidad no radica en su antigüedad, si no a que su compromiso con la sociedad se renueve constantemente.

La masonería no es una institución neutra, la idea de que en las logias no se debate de política y religión no puede servir de excusa para eludir debates comprometidos con la idea de conseguir una sociedad más justa. La masonería como institución social tiene una responsabilidad cívica que la legitima. Esta legitimación es lo que garantiza su vigencia como institución social.

El acercamiento al origen de la masonería moderna debe hacerse desde la Historia y no desde el imaginario cronográfico de la masonería. El relato masónico tiene que ser sustituido por la historia de la masonería como institución social. Solo por esta vía se puede entender el impacto real de la masonería como institución y como sociedad iniciática específica.

La masonería, como institución, en su evolución deviene en instrumento de la Ilustración y sus precursores aciertan en convertir la orden en una escuela de pensamiento. Sin tener una filosofía propia, ni una concepción política determinada, la masonería utiliza un método de instrucción, que, sin declarar verdades últimas ni posturas políticas preconcebidas, permite a sus adeptos desarrollar un estilo de pensamiento inspirado en principios éticos universales.

La masonería ha sido capaz de articular un método práctico para desarrollar, al interior de las logias, las habilidades intelectuales que le van a permitir al masón ser un ciudadano comprometido con el progreso humano y un sujeto activo en el proceso histórico.

El equilibrio entre tradición y cambio revolucionario se funde en los relatos que dan cohesión a los ritos masónicos y sus enseñanzas. Mito y razón aparecen en los ritos masónicos y en las alegorías de los mismo de forma complementaria, poniendo de manifiesto la continuidad entre la tradición y lo novedoso.

La religión, que es vista muchas veces como conservadora y contraria al cambio, convirtió la moral, al menos en Europa, en la forma universal de conciencia de una época, el medioevo.

Estos valores universales fijados por la ética religiosa evolucionan a lo largo de la historia, transcienden los marcos del pensamiento religioso y devienen fundamento ideológico de lo que hoy llamamos mundo moderno.

La masonería hace suya la idea de la existencia de valores universales y asimila al mismo tiempo la idea de la trascendencia ofrecida por la religión e incorpora esta idea a los relatos de sus rituales, mostrándonos en ellos que esta se puede alcanzar a través de la razón, proponiéndonos una forma de entenderla trascendencia que supera los límites de la espiritualidad religiosa.

En los textos masónico se habla de una religión con la que estarían de acuerdo todos los hombres, una ética de mínimos. Hoy en día hablamos de una ética universal, no revelada y que nos damos los hombres a nosotros mismos, una ética que resulta de la convivencia y el diálogo.

La masonería, partiendo de la experiencia que ofrece al iniciado la práctica del rito, y las sucesivas iniciaciones a que es sometido, descubre a este un mundo trascendental, es decir, un mundo que supera los límites de la experiencia individual. La práctica masónica propicia el desarrollo del entendimiento como discernimiento y como base para el desarrollo de una racionalidad, sin reminiscencias excluyentes.

Los fundadores de la masonería moderna comprendieron que el único camino a la libertad y al progreso de toda la sociedad pasa por la instrucción. La única forma de modificar la manera en que se ve el mundo, primer paso para cambiarlo, es dotando a los hombres de herramientas para ello. Esas herramientas las ofrece el conocimiento.

Los altos grados escocistas un espacio de estudio y reflexión sobre la dimensión humana

En los altos grados se debe trabaja fundamentalmente para que la masonería funcione como una escuela de pensamiento centrada en el desarrollo intelectual de sus miembros, independientemente de sus concepciones, sus creencias y sus preferencias ideológicas.

Para lograr este objetivo, es necesario promover el estudio de la historia de la masonería y del Rito Escoces Antiguo y Aceptado, de las tradiciones que conservan sus rituales, y la libre interpretación de los símbolos y alegorías que los conforman.

Al mismo tiempo es prioritario garantizar un espacio apropiado para el desarrollo de los masones escocistas, sin ningún tipo de ataduras, respetando los límites que cada uno se auto imponga, sean estos religiosos, políticos o de cualquier otro tipo. Es condición indispensable para la masonería, especialmente la de altos grados garantizar la más absoluta libertad de conciencia, sin lo cual es imposible formar seres humanos libres.

El desarrollo espiritual, entendido como el desarrollo de las potencialidades humanas, es el camino para lograr un ser humano pleno, en armonía con el mundo y comprometido con la idea del progreso de la humanidad. Este es el fundamento cobre el que se desarrolló un estilo de pensamiento que rinde culto a la razón, combate los dogmas y desarrolla el pensamiento crítico.

En los altos grados, el trabajo de los masones escocistas ha de centrarse en la investigación del sentido y evolución de los valores que se sugieren en cada uno de los sucesivos grados. En este nivel la sola introspección no es suficiente, hay que profundizar en el estudio de la historia, la filosofía y las ciencias en general.

A modo de conclusión

La masonería escocista reivindica la convicción de que el hombre es capaz de construir un mundo mejor, más justo, más igualitario, más comprometido con la supervivencia del planeta y de la humanidad.

La masonería expresa su compromiso con valores como el universalismo, el humanismo, el racionalismo, el liberalismo filosófico, el progreso, el libre pensamiento y el reconocimiento del diferente como interlocutor válido.

El deber de los masones, sin distinción de grados, es prepararse para entender la realidad en que viven y contribuir con sus ideas a la creación de un mundo mejor.

Es deber del masón escocista asumir que el Rito Escoces Antiguo y Aceptado tiene como rasgo distintivo el pensamiento crítico, enemigo de todo dogma y defensor de la razón humana, características que lo convierten en un referente de actualidad ante los desafíos del mundo contemporáneo.

En Montevideo, septiembre de 2024
Octavio Carrera González, 33º
S∴G∴C∴ Supremo Consejo Masónico de España

EL UNIVERSALISMO
El camino del Escocismo actual

Myriam Tardugno Garbarino. 33º

Los filósofos de la Ilustración vieron claramente la larga lista de puntos comunes que comparten todos los humanos. Entre estos puntos en común encontramos valores como la libertad, la igualdad de derechos, la fraternidad, y que también los masones, desplegaron en el siglo XVIII. La masonería se interesa, entonces, principalmente por el individuo. Se anuncia en conclusión aspirar a la mejora de toda la Humanidad tratándose, por tanto, de objetivos verdaderamente universales.

Además de su trabajo simbólico centrado en el autoconocimiento y la mejora, la reflexión y la acción social abordan dinámicas colectivas y civilizatorias. El mejoramiento intelectual y social de la Humanidad aparece en las constituciones masónicas como un objetivo a alcanzar.

Por Universalismo Masónico entendemos lo que une, integra lo diverso, que es aceptado por la sociedad, la unión de las individualidades, la integración de lo disperso, siendo la Mas∴ Símbolo de todo lo Humanista.

Ya el Caballero Michel de Ramsay planteó una ética con pretensiones universales cuando expresó en su célebre discurso: «el mundo entero no es más que una gran República, en la cual cada nación es una familia y cada individuo un niño…».

Al hablar de Universalismo fomentamos un sentido de comunidad global, donde los masones podemos trabajar juntos por un Mundo mejor, compartiendo las enseñanzas y aprendiendo unos de otros.

Pero al día de hoy, el Universalismo está temporalmente maltratado, atrapado en la gigantesca batalla cultural permanente que sacude el planeta. Esta batalla enfrenta al grupo de similitudes humanas con el grupo de diferencias entre sí. Frente al universalismo vemos el muro de las identidades, que también puede dividirse/multiplicarse por wokismos, racismos y otros ismos tóxicos. Oponemos género al sexo, respondemos comunitarismo a quienes proclaman República, decimos derechos de las minorías en respuesta a la legalidad/legitimidad de las mayorías.

El camino histórico es diferente para cada país, pero detectamos similitudes. Casi siempre nos encontramos con medallas de dos caras. Por un lado, ciertamente tenemos las ventajas y beneficios de la modernidad asociados con la democracia y la tecnología traídas por Occidente.

No debemos olvidar que en nuestro mundo actual se mezcla lo duro y lo suave, lo oficial y lo críptico, lo intenso y lo callado. Ahora comienza una guerra mucho antes de que la democracia detecte el daño ya causado: ataques informáticos y otros sabotajes. Y vemos que a menudo resulta difícil proporcionar pruebas de la identidad de los atacantes.

Ahora bien, el Universalismo en el contexto del Escocismo actual, ¿a qué se refiere?

El Escocismo con su rica tradición y simbolismo refiere a que los principios y valores de la Mas.: Escocesa puedan ser aplicados de manera inclusiva y universal trascendiendo fronteras culturales y geográficas, y adaptado a los tiempos actuales enfatizando la importancia de la ética y la moral en la vida cotidiana.

Claramente el escocismo fundacional en sus antiguos orígenes tenía otras perspectivas en el horizonte, priorizando la realidad de esos tiempos, fundamentos esenciales que aún siguen vigentes, pero la evolución ha incorporado otras necesidades que deben estudiarse.

El Escocismo sobrevivió involucrándose en cada una de las situaciones y más importante aún, ha logrado mantener la vigencia, en las diferentes coordenadas culturales e históricas que pasaron y pasan por este Tapiz Mosaico que es la humanidad, asumiendo que nuestros principios y valores liberadores no son para apreciarlos como un derecho logrado para siempre, sino que son un objetivo a superar y regenerar a través del trabajo, la búsqueda, la pregunta y la duda cartesiana, situándola en contexto mediante la metáfora de la construcción de una Aldea Global regida por la Res Pública,

La masonería escocista con su método, su juiciosa reflexión y dedicado compromiso a la Obra Humana promueve que Trabajemos «uniendo lo disperso», como es nuestra premisa, en cada situación que las vulnerabilidades humanas convoquen nuestro tiempo.

El camino iniciático que se recorre en el Escocismo nos sitúa en los valores superiores, y desde allí meditamos nuestras actitudes y acciones. Las enseñanzas de los grados es el medio para acceder a la profundidad del conocimiento que nos lleva a comprender las contradicciones humanas, y ello nos lleva a buscar, investigar, y ensayar para asimilar la verdad. Articula las propuestas de reflexión en una secuencia de Grados que equilibra la razón junto a lo espiritual, armoniza los valores necesarios para interpretar la realidad, en nuestro interior y en el mundo profano, proponiendo una posición de «combate» valórico y de propuestas realmente universales.

Mantiene un recorrido de Grados que estimulan el amor, el conocimiento, la razón, la justicia, lo espiritual y la fraternidad, dando a cada Hno∴ y Hna∴ el lugar en el mundo en el cual tiene que estar para tratar de poner orden en el Caos.

Hoy el Caos supera al Orden y nuestra Misión es que el Orden emane de ese Caos. Debemos preguntarnos: ¿es admisible que valores fuertes del librepensamiento que propugnamos como el patriotismo, la valentía, la austeridad en el manejo de los dineros públicos, la laboriosidad, la búsqueda de la Justicia y la Paz, declinen sin más y se imponga a nuestras sociedades, ideas y acciones que no van en un sentido de progreso?

Lamentablemente podemos constatar una universalización del retroceso civilizatorio y la barbarie, manifiestas en algunos fenómenos como el narcoterrorismo, el terrorismo radical, las guerras híbridas, la incapacidad creciente de Estados y Organismos multilaterales para dar respuestas eficaces y eficientes a los asuntos que sí importan, el desconocimiento flagrante de derechos como la vida, la libertad, la libertad de pensamiento y de conciencia son, entre muchos otros tópicos, elocuentes de la situación actual.

¿Debemos aceptar la universalización de la ilegalidad y de la barbarie?

Nada se acomodará solo ni por la acción de uno solo. ¿Podemos los masones escocistas contribuir a un rumbo mejor?

Como integrantes del Escocismo, nos encontramos enfrentados a una realidad social que nos exige tomar posición. No es una tarea sencilla, porque como miembros de la sociedad en que vivimos estamos influenciados por un entorno prejuicioso, cargado de dogmas. Pero como masones, sabemos que los dogmas han sido y aún continúan siendo el origen del fanatismo, el cual se engendra en la ignorancia. Por eso, como masones, humanistas y librepensadores, eternos buscadores de esa Verdad que es la Luz puesta al alcance de todo aquel que quiera abrir sus ojos y mirar la gran ruta del Deber: tenemos que ser capaces de derribar nuestras propias barreras mentales, y así liberarnos de los prejuicios culturales, ideológicos y religiosos.

Tenemos por delante la oportunidad de ser más útiles a la Humanidad, utilizando nuestras herramientas, método, los principios y valores que nos unen, evocando los rituales de nuestro recorrido Escocista, que integra una visión específica del mundo y del ser humano, una evolución y un evolucionismo de progreso desde unas bases comunes, sostenidos e impulsados por la Razón.

La particularidad especial del Escocismo es el tono de trabajo Masónico, que se inspira en la lucha contra las opresiones de todo tipo que ellas sean, para que la equidad sea el concepto integrador y el centro que ordene el Caos, buscando aún dentro de nuestras organizaciones masónicas nuevas formas de construir sin exclusiones.

Hay que trabajar especialmente, renovando, reinventando o reconstruyendo la mirada sobre nuestro espacio interior, hacia la sociedad y creando las propuestas de trabajo con la evolución que el momento histórico amerite y conservando el universalismo del Escocismo para lograrlo.

Una cosa es especular sobre lo que pasará en el futuro y otra es ser artífices del futuro.

Nuestro objetivo siempre ha sido el de lograr una Humanidad mejor: sin dogmatismos, con educación y republicanismo genuino, protegiendo virtudes, educando en ciudadanía y derechos para combatir con coraje las mil sutiles maneras que el mal uso de las nuevas tecnologías pueda provocar y ampliando los usos positivos que ellas permiten.

Para alcanzarlo es indispensable que transformemos nuestra manera de pensar y de vivir. No se puede cambiar la historia, pero nosotros hoy estamos escribiendo lo que será historia en el futuro.

En el camino que nos plantea el REAA, sabemos de construcción y reconstrucción. Siempre en un modo de trabajo para generar reflexiones personales que se forjan en lo colectivo, en una ida y vuelta con quienes pueden pensar de manera diferente. Nos reconstruimos y construimos nuevos sentidos del Deber, el Honor, la Tolerancia, la Justicia y la Lealtad. La Fe y la Esperanza. El Amor Universal y el proceso de conocimiento a través de la razón y en favor de la Humanidad.

La Obra, no puede realizarse si no es a través del combate: un combate para fortalecer nuestra voluntad, templar nuestro ánimo y vencer a las fuerzas internas, como la pasividad y el desgano, que nos impiden nuestro crecimiento iniciático. Y un combate por nuestros ideales y por nuestros principios para edificar la Humanidad, la sociedad y la civilización de la Paz y la Justicia.

Es en esta batalla que nos probaremos como verdaderos seres humanos, como iniciados que salimos de la vida ordinaria para dedicarnos a esclarecer la Humanidad. Seguramente, en esa tarea, muchos estaremos juntos. Pero, los masones del REAA tienen esas condiciones de guerreros de la luz que los coloca en las mejores condiciones para dar la batalla.

Hoy tenemos el desafío de rescatar el universalismo del trabajo junto con las particularidades de nuestras doctrinas. Las tareas de gobierno, de justicia, de reconstrucción de la humanidad, necesitan de las reservas morales y éticas que tenemos como capital y legado, asociadas a las tareas concretas que el mundo profano puede necesitar. Y esto pasa por comenzar a integrarnos más efectivamente entre nosotros. Contra toda tentación de cierre, abrirnos generosamente para hacer realidad nuestro universalismo.

Entonces, en el mundo problemático que nos toca vivir, y donde anhelamos transformaciones profundas en todos los campos, el de la política, la economía, el ambiente, la ciencia, etc. esta es la tradición espiritual que nos impulsa, y que todo masón del REAA debe llevar en sí mismo como sello de honor y de virtud. Principios esenciales para edificar la Humanidad, la sociedad y la civilización de la Paz y la Justicia.

Finalmente, mis Hermanos y Hermanas, tengamos siempre presente lo que nos une.

No olvidemos que nos ubicamos como constructores del HUMANISMO.

No nos dejemos dividir por la dominación y las tiranías.

Estemos en guardia contra los peligros de la ambición.

Soltemos cadenas para mantener la libertad intelectual y espiritual.

Defendamos a los débiles y oprimidos.

No permitamos Jamás el sometimiento de unos seres humanos a otros, llevemos en alto el estandarte de la Libertad.

Como masones escocistas debemos venerar la razón, Servir a la verdad, Proteger la virtud y Combatir por el derecho. Trabajar por el conocimiento, porque la ilustración nos hace libres.

Y tener siempre presente que nos une al Amor al prójimo.

Coloquio de la Conferencia Continental de las Jurisdicciones escocistas Humanistas de las Américas

Montevideo, Uruguay, 24 de setiembre 2024
Myriam Tardugno Garbarino, 33º
S∴G∴C∴ Supremo Consejo Masónico de Uruguay

UNIVERSALISMO,
El camino del Escocismo actual

Christian Confortin, 33º

T∴P∴S∴G∴C∴ de las diferentes Jurisdicciones amigas, mis MM∴II∴ Hnas∴ y HII∴,

Quisiera, en primer lugar, agradecer a nuestra M∴I∴Hna∴ Myriam y a nuestro M∴I∴H∴ Elbio por su acogida y la organización de estas jornadas escocesas en el marco de nuestras Conferencias Escocesas de las Américas en Montevideo. Todos conocemos su dedicación al servicio del Escocismo; reciban aquí el testimonio de nuestro profundo reconocimiento.

Hablar de universalismo hoy en día muestra nuestra voluntad de esperanza.

Es necesario, hoy más que nunca, en un mundo donde, lamentablemente, la historia parece repetirse, tanto a nivel de las fracturas sociales, como de las actitudes hegemónicas de ciertos estados sobre su propio pueblo, sobre otros pueblos o etnias del mundo, a pesar de todos los esfuerzos de nuestras estructures internacionales como la ONU, la Unesco, o el tribunal internacional. Sus acciones, aunque recurrentes, a menudo quedan in efecto y evocan desafortunadamente el mito de Sísifo.

Triste constatación: son pocos los acuerdos de paz que hoy en día se respetan.

Sin embargo, el ser humano es universal. Está presente en toda la superficie del planeta con sus diferentes civilizaciones, pueblos, historias, orígenes, lenguas y estados que no son más que el resultado de distintas evoluciones en el crisol de una humanidad que es necesario reunir en una paz estable y duradera.

Ante el espectáculo de todas estas diferencias, ¿no estaríamos justificados al pensar que la noción de universalidad es solo una ilusión?

¿La imagen de la torre de Babel que nos relata la Biblia, sería aún actual?

¿Los hombres son –y serán siempre– incapaces de ponerse de acuerdo para construir un ideal de paz? La historia de la humanidad parece confirmarlo.

¿Sería el universalismo una utopía, dadas las importantes particularidades y singularidades de cada pueblo, estado, nación, grupo, religión e incluso las obediencias masónicas y las Jurisdicciones?

Atrevámonos a decirlo, el Convento Universal de Lausana de septiembre de 1875 es un ejemplo, ya que se había fijado como misión reunir lo que estaba disperso entre las Jurisdicciones del mundo, y «tener como objetivo común la regeneración de la humanidad».

Hemos mantenido este objetivo común a pesar de las fracturas históricas de la Francmasonería del siglo XIX y principios del XX. La tolerancia sigue siendo nuestra bandera, sin olvidar que su construcción se basa en la conciencia moral de cada uno, noción fundamental en todos los grados que jalonan nuestro Rito.

Esa mirada sobre uno mismo que desarrollamos en la F∴M∴ proviene de nuestra educación, de nuestra cultura humanista compartida, basada, entre otros, en la Declaración Universal de los Derechos Humanos, que se fundamenta, en su preámbulo, en el concepto de dignidad tomado directamente de la moral kantiana *(Fundamentos de la Metafísica de las Costumbres, segunda sección).* Se legitima por una conciencia moral universal reconocida como tal, una noción aceptable para toda nación, toda cultura, todo ser humano.

La dignidad es social. Es esa «dignitas» romana que designa el honor, el prestigio y la autoridad, pero también el conjunto de obligaciones que están vinculadas a una función o a un nombre. Es el valor público otorgado a cada individuo, independientemente del lugar que ocupe en el mundo.

Es un valor moral inalienable asociado a cada ser y que debe ser universal.

Y poco nos importan las diferencias, si los pueblos deciden unirse en aquello que los une.

La libertad de expresión, la igualdad entre hombres y mujeres, la fraternidad, el crisol de nuestro humanismo. Estos grandes principios nos unen, al menos respetando un principio esencial para nosotros: la libertad absoluta de conciencia para creer o no creer en una potencia superior, reconociendo y respetando a cada persona el derecho a sus creencias personales, siempre y cuando no atenten contra el bien común de la república o la nación en la que vive.

Este principio esencial de laicidad permite a cada uno vivir y respirar su espiritualidad libremente, en su esfera privada, en el espíritu de una tolerancia mutua.

¿Qué es la tolerancia? Voltaire nos recuerda que es el patrimonio de la humanidad. ¿No estamos todos llenos de debilidades y errores? «Perdonémonos mutuamente nuestras tonterías, ¡es la primera ley de la naturaleza!».

La tolerancia es ese camino esencial que conduce al universalismo, ¡y estas palabras de Voltaire son hoy más relevantes que nunca es precisamente lo que nos enseña la Francmasonería desde hace tres siglos: solo en el acuerdo de benevolencias mutuas puede construirse un compartir universal.

Como también señalaba Kant, la universalidad no es una orden a seguir sin discernimiento, sino más bien un criterio para validar o no una conducta: «Actúa siempre de tal manera que cada uno de tus actos pueda ser elevado a lo universal».

Siempre deberíamos inspirarnos en esto, pero el reconocimiento de la mixidad y la libertad absoluta de conciencia siguen siendo, lamentablemente, hoy en día, motivos de discordia entre nosotros, en la Francmasonería. Cuando todo en el Escocismo, a través de todos nuestros rituales, nos recuerda que nuestro deber es reunir.

Recordemos aquí la hermosa máxima de Saint- Exupéry: «Si eres diferente a mí, hermano, lejos de perjudicarme, me enriqueces». Y también, citemos al filósofo francés Francis Wolff, que también nos interpela: «La urgencia hoy en día es reconstruir los valores universales cuestionados por el auge de los nacionalismos y los repliegues xenófobos, por el auge de las reivindicaciones identitarias en lugar de las reivindicaciones igualitarias».

Por lo tanto, nos correspondería a nosotros, francmasones, ser ejemplares si queremos reunir todas nuestras fuerzas escocesas. Somos, como también nos recuerda particularmente el ritual del Caballero Kadosh, soldados de lo universal, y la concepción fundamental del Escocismo tal como figura en la declaración final del convento de Lausanne de 1875 ya expresaba esta voluntad más allá de las concepciones metafísicas de cada uno.

Todos estos principios esenciales figuran en nuestra Gran Carta Universal que todos compartimos aquí, y que espero se abra con el tiempo a otras Jurisdicciones con las que compartimos, otro elemento esencial y universal, cuando logremos superar nuestras diferencias. No es otro que la práctica del Rito Escocés Antiguo Aceptado y de sus rituales que todos compartimos con una voluntad de universalismo.

Ahí está nuestro camino de esperanza, con el florecimiento, para cada hermana o hermano, del amor verdadero que también debemos difundir en el mundo.

En todos los grados, los rituales nos recuerdan la importancia de la universalidad masónica y nos invitan a trabajar en la universalización de sus valores, desde el primer grado, donde al finalizar los trabajos «los hermanos y las hermanas prometen continuar fuera del Templo la obra masónica y difundir las verdades que han adquirido».

Si la invitación al viaje, hecha a los compañeros, los incita a descubrir el mundo, la Maestría los exhorta a recorrer la Tierra para difundir la luz y reunir lo que está disperso. Esta es, por tanto, la esencia misma de la francmasonería y del rito escocés en todo el mundo con sus Supremos Consejos, de trabajar para reunirnos con nuestras diferencias y hacer de elles una riqueza común.

Nos corresponde a nosotros hacer entender que toda aspiración al universalismo nos hace rechazar cualquier diferencia basada en el género, el origen social o geográfico y la religión. Queremos trabajar entre francmasones en los «altos valores morales» sin distinciones, para hacer avanzar el mundo hacia una mayor humanidad.

Nuestros valores no tienen color, no tienen religión, no tienen orientación política y no están vinculados al sexo. Los valores masónicos son, de hecho, un ideal a compartir, frente a nuestras sociedades atormentadas, enfrentadas a discriminaciones de todo tipo: religiosas, políticas, raciales y sexuales.

Para nosotros, los francmasones, la humanidad abarca a todos los seres humanos. Aspirar a lo Universal es también abrirse al otro, compartir con él nuestros valores y promover el amor fraternal en un mundo agitado por innumerables conflictos. Los océanos, los mares, las montañas, las fronteras nos separan sin poder dividirnos; nuestro encuentro de hoy en Montevideo lo demuestra: el Escocismo es verdaderamente nuestra argamasa.

Surito es un gran viajero, y desde su creación siempre ha proclamado un Orden Universal; lamentablemente, los hombres que lo reivindicaban también llevaban consigo sus convicciones y sus viejos demonios.

Y, sin embargo, la esperanza era grande cuando se oficializó la reunión del convento universal de Lausana.

En diciembre de 1874, el M∴I∴H∴ Guiffrey, Gran Canciller del Rito, en su informe administrativo presentado ante el Supremo Consejo de Francia, recordó que era momento de «en lugar de confinarse en un aislamiento orgulloso, de declinarse por una apariencia de libertad, sin un desarrollo como resultado, es preferible fortalecerse, crecer en la unión: así es como la ley común ha suprimido para el masón escocés los mares y los continentes, ha borrado todas las distancias; es en virtud de todos estos principios que todos los Templos se abren ante nosotros de Oriente a Occidente, de Norte a Sur, y que en todas partes estamos seguros de encontrar corazones que laten al unísono con el nuestro».

Conocemos el resto: el convento de Ginebra ratificó los principios esenciales reconociendo a cada uno su libertad de opinión o de religión, sin imponer a través de la apelación del Gran Arquitecto del Universo a un dios proclamando la inmortalidad del alma.

La declaración común adoptada unánimemente el 22 de septiembre de 1875 prometía una universalidad escocesa en el mundo a través de sus Jurisdicciones firmantes y reconocía ya, entre otros, al S∴C∴ de la República Oriental del Uruguay con sede en Montevideo.

Desafortunadamente, en 1877, cinco jurisdicciones (las de Escocia, Grecia, Estados Unidos de América - Jurisdicción Sur, Irlanda y América Central (Costa Rica)) reunidas en Edimburgo decidieron modificar la declaración de principios adoptada en Lausana en su primer párrafo, por: «La Francmasonería proclama, como siempre lo ha hecho desde su origen, la existencia de Dios, el Gran Arquitecto del Universo y la inmortalidad del alma».

Ese mismo año, el convento del G∴O∴D∴F∴ eliminó la obligación de creer en un Gran Arquitecto del Universo y en la inmortalidad del alma en el artículo 1° de su nueva Constitución.

La ruptura se volvía efectiva entre dos corrientes: la Francmasonería adogmática, cuyos fundamentos y principios compartimos, y aquella que se autodenomina regular.

Nos corresponde reconstruir, mis MM∴I∴Hnas∴y HH∴. Y para ello, ¿no deberíamos hacer nuestra esta idea de Spinoza: «tomar a los hombres tal cómo son y no cómo quisiéramos que fueran»?

La Declaración de los Derechos del Hombre y del Ciudadano de 1789 declara en su preámbulo que «todos los males de la humanidad se deben a dos cosas: la ignorancia y la falta de memoria».

La emancipación, por tanto, es esencial para responder a nuestra búsqueda de universalidad. La emancipación personal mediante la iniciación y la instrucción nos permite contribuir –a la vez– a nuestra propia liberación para, a través de nuestras acciones, contribuir al mejoramiento tanto material como moral de la humanidad. Poner orden en nuestro propio caos interior para poder poner orden en el caos del mundo…

«Ordo ab Chao» nos enseña la universal divisa escocesa.

Tal es la esperanza en una fraternidad universal que debe vincularnos a la lucha por la emancipación de la humanidad.

Lo universal como ideal está ante nosotros. Debemos hacer borrón y cuenta nueva con los errores del pasado y tratar nuevamente de unir las Jurisdicciones, como lo intentaron nuestros mayores en el convento de Lausana. Crear un conservatorio del Escocismo que reúna a todas las Jurisdicciones en torno a principios que compartan y no que las dividan, a la espera de la concreción de una nueva y verdadera Gran Carta que se convierta realmente en universal de Oriente a Occidente, del Cenit al Nadir, en el Templo universal de un Escocismo mundial que tanto anhelamos.

A pesar de los grandes peligros de nuestra época y de las incertidumbres sobre el futuro, los francmasones no renuncian al ideal de universalidad, que se ha convertido en una necesidad absoluta.

Se trata de un universalismo espiritual que aspira a la universalidad mediante su voluntad de unirse en torno a valores humanistas inclusivos. La francmasonería, sociedad de pensamiento humanista, debe manifestar su unidad en torno a un núcleo de valores éticos. Y ¿por qué no una «multiversidad»?, este concepto que permite imaginar universos diferentes al nuestro compartiendo y respetando valores diferentes, enfoques plurales dentro de una visión común porque valen para toda la humanidad, y porque son portadores de esperanza y amor para la Humanidad.

Y añadiría una noción total de Adelfidad, esa igualdad universal de condiciones entre todos nuestros semejantes, sin dimensión de género, una noción sinónima tanto de fraternidad como de sororidad, dejando también a cada uno la libre interpretación en la mención o no de la existencia de un principio creador bajo el nombre de Gran Arquitecto del Universo, como recordaba la declaración de principios del convento universal de Lausanne de 1875.

«La verdadera generosidad con el futuro consiste en darlo todo al presente», nos recuerda Albert Camus, ¡así que demos sin esperar, mis MM∴II∴ Hnas∴ y HH∴ Escocistas!

Christian CONFORTINI
M∴P∴S∴G∴C∴ del G∴C∴D∴R∴E∴ - G∴O∴D∴F∴

Este número de

LUZ ESCOCESA

se terminó de componer

en las colecciones de la editorial

M A S O N I C A

el día 28 de

abril de

2025.